**Jörg Isermeyer**, geboren 1968 in Bad Segeberg, reiste als Straßenmusiker quer durch Europa. Er ist heute Schauspieler, Regisseur, Theaterpädagoge, Musiker und Schriftsteller. Seine Bücher und Theaterstücke wurden mehrfach ausgezeichnet, u. a. dreimal mit dem »Lesekompass« der Leipziger Buchmesse. Er lebt in Bremen.

**Kai Schüttler** wurde 1988 in Münster geboren. Dort studierte er auch Design mit dem Schwerpunkt Illustration an der FH Münster und lebt heute in Greven. Als freiberuflicher Illustrator hat er schon zahlreiche Kinderbücher gestaltet.

*Weitere Informationen zum Kinder- und Jugendbuchprogramm der S. Fischer Verlage finden Sie unter www.fischerverlage.de*

Jörg Isermeyer

# MO
## und die coolste
# OMA
## der Welt

Mit Illustrationen von
**Kai Schüttler**

✳ | SAUERLÄNDER

Erschienen bei FISCHER Sauerländer

© 2023 Fischer Kinder- und Jugendbuch Verlag GmbH,
Hedderichstraße 114, D-60596 Frankfurt am Main
Umschlaggestaltung: Dahlhaus & Blommel Media Design, Vreden
Umschlagabbildung: Kai Schüttler
Satz: Dahlhaus & Blommel Media Design, Vreden
Druck und Bindung: Livonia Print, Riga
Printed in Latvia
ISBN 978-3-7373-5883-5

# Mit Om im Zauberwald

»Morten, komm runter«, ruft Mama. »Sie kann jeden Moment klingeln!«

»Nein, bleib auf deinem Zimmer«, ruft Papa. »Wir wollen erst kurz mit ihr reden!«

Morten verdreht die Augen. Seine Eltern sind sich selten einig. Eigentlich nie. Immerhin finden sie in der Regel einen ›Kompromiss‹. Das ist das, was rauskommt, wenn sich Mama und Papa in der Mitte treffen. Meistens ist das ziemlicher Mist – weswegen es eigentlich *Kompromist* heißen müsste. Das findet zumindest Morten. Aber er wird ja nicht gefragt.

»Morten, kommst du jetzt?!«, ruft Mama.

»Nein, warte oben!«, ruft Papa.

Morton steht auf und geht aus seinem Zimmer. Er weiß schon, worauf sich seine Eltern am Ende einigen.

»Morten, setzt du dich bitte auf die Treppe?!«, rufen Mama und Papa zusammen.

Richtig geraten: die Treppe. Das ist die Mitte. Weder oben noch unten … und leider nicht besonders bequem. Außerdem kann er hier nicht an seiner Murmelbahn weiterbauen. Er kann nichts machen als dasitzen und warten.

Ein richtiger Kompromist also.

So geht es schon die ganze Zeit. Vorhin haben seine Eltern ihn dreimal an- und wieder ausgezogen. Mama wollte, dass er wie ein kleiner feiner Herr aussieht – für den ersten Eindruck, der angeblich sehr wichtig ist. Aber Papa hat gemeint, dass es bestimmt an die frische Luft geht. Auf den Spielplatz oder zu einem Kletterbaum oder auf eine matschige Wiese.

… und deswegen hat er jetzt ein Jackett über seiner Latzhose. Auch so ein Kompromist.

Seufzend setzt sich Morten auf die Treppe – natürlich auf die mittlere Stufe – und wartet.

Auf seine Oma.

Genauer gesagt: auf seine neue Oma.

Noch genauer gesagt: auf seine neue *Leihoma*. Das ist, wenn eine alte Frau, mit der man nicht verwandt ist, sich öfters um einen kümmert. Er hat zwar zwei richtige Omas und einen richtigen Opa, aber die wohnen weit weg. Die eine wohnt sogar in Amerika. Deswegen sieht er sie selten. Leider. Und deswegen soll er jetzt eine Leihoma bekommen. Damit er eine

11

hat, die *wirklich* für ihn da ist. Mindestens einmal die Woche.
Und damit Mama und Papa mehr Zeit für sich haben. Auch mindestens einmal die Woche.

Es klingelt.
Mama öffnet, während Papa aus der Küche »Einen Moment!« ruft.
Morten kann von der Treppe aus nicht sehen, wer vor der Tür steht. Bestimmt ist es die neue Leihoma. Und bestimmt sieht sie anders aus, als Mama erwartet hat – so wie Mama gerade aussieht.
»Äh … Frau … äh …«, stottert sie.
»Schmitt«, antwortet eine Stimme. »Pünktlich wie die Maurer.«
»Wollen Sie nicht reinkommen?«, fragt Papa, der es mittlerweile in den Flur geschafft hat.
»Sehe ich so aus?«, antwortet die Stimme. »Bei dem Wetter muss man raus und Abenteuer erleben.«
»Siehst du!«, sagt Papa zu Mama.
Mama verzieht den Mund.
»Wo steckt denn der Lausebengel?«, fragt die Stimme.
»Hier«, meldet sich Morten – und bevor seine Eltern sich wieder widersprechen können, kommt er die Treppe herunter und geht zur Tür.
Er hat lange genug gewartet, findet er.

»Guten Tag, ich heiße Morten«, sagt er und macht die halbe Verbeugung, auf die sich seine Eltern geeinigt haben. Dabei gibt er der Leihoma die Hand. Sie sieht wirklich merkwürdig aus. Kein Wunder, dass Mama gestottert hat. Die Leihoma steckt in einem Overall, der über und über mit angenähten Taschen bedeckt ist. Dazu baumeln am Gürtel und an Schnallen lauter merkwürdige Dinge. Und auf dem Kopf hat sie statt einem Omahut eine Lederkappe mit Schutzbrille, die eher zu einem Piloten passen würde. Also zu einem Buschpiloten, der in einer klapprigen Kiste über den Urwald fliegt und – wenn die Kiste zu klapprig ist – ganz schnell zu einem Bruchpiloten wird.

»Du siehst aber schick aus«, sagt sie.

»Siehst du!«, sagt jetzt Mama zu Papa – und Papa verzieht den Mund.

»Ich heiße Oda«, redet die neue Oma weiter, während sie Morten die Hand schüttelt, als wollte sie ihm den Arm ausreißen. »Aber du kannst mich Om nennen.«

»Om?«, fragen Mama und Papa verwundert.

»Ja, Om«, antwortet Om. »Das A bei Oma klingt mir zu sehr nach Kaffeekränzchen, Strickjacke und Blümchenbluse. Und da Sie sich sowieso nicht einig waren, ob sie eine Leihoma oder einen Leihopa haben wollten, passt das sicher für Sie.«

»Äh …«, sagen Mama und Papa.

Ausnahmsweise sind sie sich einig.

»Also, Morten, bist du startklar?«, fragt Om.

Morten nickt. Aber dann guckt er zur Sicherheit noch einmal seine Eltern an.

»Braucht er noch irgendetwas?«, fragt Mama.

»Etwas zu essen?«, fragt Papa.

»Etwas zu trinken?«, fragt Mama.

»Etwas Wärmeres zum Anziehen?«, fragt Papa.

»Etwas Leichteres zum Anziehen?«, fragt Mama.

»Einen Rucksack?«, fragt Papa.

»Einen Beutel?«, fragt Mama.

»Einen Helm?«, fragt Papa.

»Eine Mütze?«, fragt Mama.

»Eine …«

»Nein, nichts«, unterbricht Om die beiden. »Ich habe alles dabei.«

Damit deutet sie hinter sich.

Morten kriegt große Augen. So ein Fahrrad hat er noch nie gesehen. Es ist eine Art Tandem, aber hinten mit einem richtigen Sesselsitz und jeder Menge Extras.

»Cool«, sagt er – obwohl er sonst selten etwas sagt, wenn er nicht dazu aufgefordert wird.

»Aber Sie unternehmen doch nichts Gefährliches mit unserem Sohn?!«, sagt Mama.

Sie findet das Gefährt anscheinend nicht so cool – oder das Coole daran nicht so vertrauenerweckend.

»Keine Sorge, ich passe auf ihn auf«, antwortet Om.

»Aber wir wollen auch nicht, dass er sich langweilt«, sagt Papa.

»Keine Sorge, wir werden unseren Spaß miteinander haben«, antwortet Om.

Dann guckt sie Morten an.

»Also noch mal: Bist du startklar?«, fragt sie.

Morten nickt.

»Na dann: Los geht's!«, sagt Om.

Zum Abschied wuschelt Papa Morten durch die Haare. Mama zückt sofort einen Kamm, um sie wieder gerade zu richten. Aber danach stehen beide Hand in Hand in der Tür, um zu winken.

Nachdem Morten auf seinen Sitz geklettert ist, bekommt er von Om genauso eine Lederkappe mit Schutzbrille, wie sie auf dem Kopf hat. Nur kleiner. Und nachdem Morten sich angeschnallt hat, treten sie gemeinsam in die Pedale.


»Sind deine Eltern noch in Sicht?«, fragt Om, als sie um die erste Ecke sind.

»Nein«, antwortet Morten.

»Dann festhalten!«

»Aber ich bin doch aaaaaaaah…«

›Angeschnallt‹ will Morten sagen, aber da geht es schon los. Om hat einen Hebel an ihrem Fahrrad umgelegt. Jetzt rasen sie wie der Sturmwind durch die Straßen. So schnell ist Morten noch nie gefahren. Ein bisschen Angst hat er schon. Trotzdem tritt er mit in die Pedale, weil es so mehr Spaß macht.

Sie flitzen an dem Supermarkt vorbei, wo seine Eltern gerne einkaufen …

… an der Eisdiele, wo sie im Sommer mit ihm Eis essen …

… an dem Spielzeugladen, wo er Stunden vor dem Schaufenster verbringen kann …

»Wohin fahren wir?«, fragt er, als sie an einer roten Ampel halten.

»Wohin möchtest du denn?"«, fragt Om zurück.

»Äh …«, sagt Morten.

Er weiß nicht, was er sagen soll. Er darf selten etwas entscheiden. Seine Eltern wissen immer besser, was gut für ihn ist – und deswegen weiß er jetzt nicht, wo er hinwill.

»Ich weiß nicht«, antwortet er schließlich.

»Dann entscheide ich«, sagt Om und strampelt los, weil die Ampel gerade auf Grün springt.

Sie fahren raus aus der Stadt …

… vorbei an Wiesen mit grasenden Kühen …

… an Feldern mit ratternden Traktoren …

… an einem Flüsschen, auf dem Enten träge in der Sonne herumschwimmen …

An einem Waldrand hält Om an. Auch wenn dieser Wald sehr hohe Bäume hat – zu einem Wald hätten sie nicht so weit fahren müssen, denkt Morten. Bei ihnen um die Ecke ist auch ein Wald. In dem geht er sonntags manchmal mit seinen Eltern spazieren – wenn sie sich darauf einigen können, welchen Weg sie nehmen wollen. Und auch dann ist Spazierengehen nicht seine Lieblingsbeschäftigung.

»Dieser Wald ist ein ganz besonderer Wald«, sagt Om, als könnte sie Mortens Gedanken lesen.

Bevor Morten etwas dazu sagen kann, huscht eine Ratte aus einer von Oms vielen Overalltaschen und klettert auf ihre Schulter.

»Ah, hallo, Hubert!«, begrüßt Om die Ratte. »Hast du ausgeschlafen? Darf ich vorstellen: Hubert, das ist Morten. Morten, das ist Hubert.«

Die Ratte schnuppert in Richtung Morten. Ihre Barthaare zittern, als würde sie damit ›guten Tag‹ sagen.

»Hallo, Hubert«, sagt Morten – und macht wieder eine halbe Verbeugung, weil er nicht weiß, was er sonst machen soll. Die Hand gibt man einer Ratte ja sicher nicht?

Nach der Begrüßung wendet Hubert seine Schnauze Oms Ohr zu. Om neigt den Kopf. Es sieht aus, als würde ihr die Ratte etwas zuflüstern.

»Okay«, sagt sie. »Hubert meint, wir müssen hier rein.«

Morten sieht sie staunend an.

»Kann deine Ratte sprechen?«, fragt er.

»Natürlich«, sagt Om, »alle Ratten können das.«

»Ich meine, verstehst du ihn auch?«, fragt Morten weiter.

»Aber sicher doch«, antwortet Om. »Ich war früher mal Tierpflegerin. Und Hubert war mein Assistent. Wenn er gequiekt hat, haben die wildesten Löwen pariert. Und in meiner Zeit als Urwaldforscherin war er besser als jeder Kompass. Er weiß immer, wo's langgeht.«

Morten sieht sich um.

»Sicher?«, fragt er.

Er kann weit und breit keinen Weg entdecken.

»Ganz sicher.« Om zeigt auf eine dicht bewachsene Stelle am Waldrand. »In diesen Wald gibt es keinen normalen Weg hinein. Es ist, wie gesagt, ein ganz besonderer Wald. Ein verwunschener Wald. Ein Zauberwald.«

Morten macht große Augen.

»Komm«, sagt Om und holt aus einer Tasche eine Uhr hervor. »Wir müssen uns beeilen, dieser magische Eingang schließt in wenigen Sekunden.«

Im nächsten Moment ist sie im dichtesten Dickicht verschwunden. Morten muss zusehen, dass er hinterherkommt. Gerade noch rechtzeitig – er spürt, wie sich die Zweige hinter ihm fest verschließen.

Jetzt führt kein Weg mehr zurück.

Langsam bahnen sie sich ihren Weg durchs Gebüsch, klettern über umgefallene Bäume und zwängen sich unter tiefhängenden Ästen hindurch. Immer wieder hält Om inne und setzt sich Hubert auf die Schulter, der ihr jedes Mal etwas ins Ohr zu flüstern scheint. An einer Stelle, wo sich die Bäume besonders dicht aneinanderdrängeln und die Welt in ihre dunklen Schatten tauchen, bleibt Om stehen.

»Jetzt müssen wir vorsichtig sein«, flüstert sie, »und vor allem: ganz leise. Hier haust nämlich der fürchterliche Gnoddel.«
»Der Gnoddel?«
Morten bekommt eine Gänsehaut. Er hat noch nie von einem Gnoddel gehört, aber er kann ihn sich vorstellen. Bestimmt hat er ein dickes braunes

Fell und lange Krallen, rote Augen und schrecklich große Zähne und Hörner wie ein Stier. Aber vielleicht ist er auch eher wie eine Schlange mit Krokodilkopf und Adlerschwingen.

»Wie sieht der Gnoddel aus?«, fragt Morten leise.

»Keine Ahnung«, antwortet Om. »Niemand hat ihn je gesehen. Oder besser gesagt: Die, die ihn gesehen haben, sind verschwunden. Für immer.«

Krah Krah Krah Krah

Morten bekommt einen Schreck. Er stellt sich vor, wie der Gnoddel sein riesiges Maul aufsperrt und sie verschlingt. Erst Om samt Hubert und dann ihn als Nachtisch.

»Aber wir dürfen keine Angst haben«, flüstert Om weiter. »Der Gnoddel riecht die Angst. Angst lockt ihn an.«

Morten bekommt einen noch viel größeren Schreck. Er spürt, wie die Angst in ihm hochkriecht. Und das macht ihm gleich noch einmal mehr Angst.

»Aber …«, krächzt er. Mehr bekommt er nicht heraus. Sein Hals ist plötzlich wie ausgetrocknet.

»Zum Glück habe ich Anti-Angst-Pastillen dabei.« Om holt aus einer ihrer vielen Taschen eine Dose hervor und reicht sie Morten. »Da, nimm eine. Die helfen. Habe ich selbst erfunden, in meiner Zeit als Apothekerin. Das Beste daran ist: Falls doch ein Rest Angst übrig bleibt, bringen sie zumindest den Geruch davon zum Verschwinden.«

Morten steckt sich schnell eine Pastille in den Mund. Er erwartet etwas Bitteres und Ekliges auf der Zunge, aber sie schmeckt fast wie ein Pfefferminzbonbon. Sofort hat er weniger Angst. Außerdem sieht er, wie mutig Om sich vor ihm durch das Gebüsch schleicht – und gleich hat er noch weniger Angst. Om ist bei ihm. Wenn Om keine Angst hat, will er auch keine Angst haben. Und riechen kann der fürchterliche

Gnoddel sein kleines bisschen Rest-Angst auch nicht mehr.

Ein Rascheln vor ihm …

… ist nur ein Igel, der durchs
Laub wackelt.

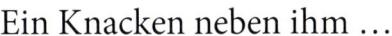

Ein Knacken neben ihm …

… ist nur ein Eichhörnchen, das einen Stamm
hinaufhuscht.

Ein Rauschen über ihm …

… ist nur ein Vogel, der sich von seinem
Rastplatz auf einem Ast löst.

Plötzlich stehen sie auf einer Lichtung.

Im Gebüsch um sie herum leuchten kleine rote Punkte in der
Sonne.

»Sind das Himbeeren?«, fragt Morten.

»Fast«, antwortet Om. »Hast du schon vergessen: Wir sind in einem besonderen Wald. In einem Zauberwald. Das sind Wunschbeeren.«

»Wunschbeeren?«, fragt Morten.

Er kann sich nur ungefähr vorstellen, was das bedeutet.

»Ja, Wunschbeeren«, antwortet Om. »Wenn du sie isst, musst du die Augen schließen und ganz genau hinschmecken. Und dann, wenn der Geschmack am tollsten ist, darfst du dir etwas wünschen.«

»Geht der Wunsch in Erfüllung?«, fragt Morten.

»Vielleicht. Manchmal. Manchmal auch nicht. Und manchmal vergeht etwas Zeit, bis er sich erfüllt«, sagt Om. »Ich weiß auch nicht, woran das liegt. Ich glaube, du musst dir deinen Wunsch ganz doll wünschen, nicht nur ein bisschen. Und natürlich nur eine Sache auf einmal.«

»Warum?«, fragt Morten.

»Ist doch logisch«, sagt Om. »Wenn du selbst nicht weißt, was du willst – woher soll es dann die Wunschbeere wissen.«

So ein Quatsch, denkt Morten, und steckt sich eine Beere in den Mund. Aber dann, als der Geschmack buchstäblich auf seiner Zunge explodiert, wünscht er sich doch etwas. Nämlich, dass er Mama und Papa von diesem Tag erzählen kann. Und zwar richtig – ohne dass sie ihn ständig unterbrechen, weil sie sowieso alles besser wissen. Dass sie ihm zuhören …

… aber vielleicht sind das schon zwei Wünsche?

Sicherheitshalber isst er noch eine Beere und wünscht es sich gleich noch einmal. Und dann noch eine. Und noch eine. Und noch eine …

Plötzlich reißt ihn ein Schrei aus seinen Gedanken.

»Hilfe!«, ruft Om. »Morten, du musst mich befreien!«

Om ist tief in die Wunschbeerenbüsche vorgedrungen und hat sich dabei in den dornigen Ranken verfangen. Wie einge-wickelt steht sie da.

»Ich komme«, antwortet Morten und kämpft sich zu ihr durch.

»Ich kann mich nicht mehr bewegen«, stöhnt Om.

Morten überlegt. Was, wenn hier auch ein Zauber am Werk ist? Einer von dem selbst Om nichts weiß? Und ihn die Ran-ken auch gefangen nehmen, wenn er versucht sie zu befreien? Die Dornen sehen an dieser Stelle wirklich beson-ders gefährlich aus.

Vorsichtig berührt er eine Ranke mit seinen Fingern.

Nichts passiert.

Aber stärker daran zu ziehen, traut er sich nicht.

Dann hat er eine Idee. Wenn das hier ein Zauberwald ist, muss er auch zu zauberhaften Mitteln greifen!

»Halt ganz still«, bittet er Om – und den dornigen Büschen murmelt er zu: »Ich tu euch nichts. Ich tu euch nichts.«

Und ganz vorsichtig, ohne sie zu zerreißen, befreit er Om Ranke für Ranke aus ihrem piksigen Gefängnis.

»Danke, Morten!«, sagt sie, als er sie endlich erlöst hat. »Ich habe schon befürchtet, ich müsste wie Dornröschen hundert Jahre hier verbringen.«

»Wie ist das denn passiert?«, will Morten wissen.

»Hm«, überlegt Om. »Ich glaube, es lag an den Wunschbeeren. Ich habe mir gewünscht, dass du mich – irgendwann einmal – retten würdest. Und da ist es passiert. Auf einmal war ich gefangen.«

»Oh!«, sagt Morten nur.

»Wahrscheinlich muss ich beim nächsten Mal besser aufpassen, was ich mir wünsche«, sagt Om. »Falsche Wünsche können gefährlich sein. Ich hoffe, du hast dir etwas Ungefährlicheres gewünscht?«

Morten erschrickt, aber dann nickt er erleichtert. Bei seinem Wunsch dürfte eigentlich nichts schiefgehen.

Om schaut auf die Uhr.

»Was?«, ruft sie. »Schon so spät? Wir müssen zurück. Sonst kommen wir nicht mehr raus aus dem Wald. Der magische Eingang öffnet sich bald wieder, aber nur für kurze Zeit.«

Sofort machen sie sich auf den Rückweg. Vor dem Gebiet des Gnoddels nimmt Morten schnell noch eine Anti-Angst-Pastille. Nur zur Sicherheit. Aber kaum sind sie heil an der Gefahr vorbei, bleibt Om plötzlich stehen.

»Ich glaube, wir haben uns verlaufen«, sagt sie. »Ich weiß nicht mehr, wo wir sind. Hubert?! Hubert, du musst uns helfen.«

Behutsam setzt sie die Ratte auf ihre Schulter und neigt ihr das Ohr zu … und macht ein entsetztes Gesicht.

»So ein Mist! Hubert weiß auch nicht mehr, wo es langgeht«, sagt sie. »Das ist ihm noch nie passiert!«

Morten bekommt ganz weiche Knie. Aber dann schaut er sich um. Da, der alte Baum, der aussieht wie ein verzauberter Riese, an den kann er sich erinnern. An dem sind sie vorhin vorbeigekommen. Jetzt sieht er auch die Spur aus umgeknickten Zweigen, die wie ein kleiner Trampelpfad daneben im Gebüsch verschwindet.

»Aber ich weiß es!«, sagt er.

Entschlossen nimmt er Om an die Hand.

»Komm«, sagt Morten zu Om …

… und führt sie sicher aus dem Wald. Gerade noch rechtzeitig. Als sich hinter ihnen die letzten Zweige schließen, spürt er deutlich, wie sie sich unauflöslich ineinander verhaken.

Om klopft Morten auf die Schulter.

»Jetzt hast du mich gleich noch einmal gerettet. Wie ein echter Held!«

Morten wird rot. Das war doch selbstverständlich, denkt er.

»Weißt du was?«, sagt Om. »Jetzt brauchst du auch einen Heldennamen. Was hältst du von ›Mo‹?«

»Mo?«, fragt Morten.

»Mo«, sagt Om. »Wie die ersten beiden Buchstaben deines Namens. Und wie mein Name, nur rückwärts. Und überhaupt wie ein echter Retter und Abenteurer. Aber nur, wenn du willst. Es ist deine Entscheidung.«

»Mo …«, überlegt Morten. Er lässt sich den Namen auf der Zunge zergehen, wendet ihn hin und her. »Mo …«

Schließlich lächelt er Om an.

»Mo ist prima. Und Mo und Om ist doppelt prima.«

»Na dann komm, Mo!«, sagt Om und steigt aufs Rad.

Stolz klettert Morten hinter ihr in seinen Fahrradsessel. Seine Eltern werden staunen. Er hat nicht nur einen neuen Namen – er hat ihn sich sogar verdient!


»Und?«, fragen Mama und Papa, als sie die Haustür öffnen. »Wie war es?«

Dabei sehen sie Om erwartungsvoll an.

»Das kann ihnen Mo bestimmt viel besser erzählen«, antwortet Om.

»Mo?«

Die Eltern gucken verwundert.

»Ihr Sohn«, antwortet Om. »Ich nenne ihn Mo, das passt besser zu ihm. Und zu mir.«

Bevor die Eltern noch etwas sagen können, verabschiedet sich Om.

»Bis nächste Woche, Mo«, sagt sie und hält Morten die Hand hin.

Nicht so, wie es Mama und Papa immer machen. Sondern so, wie die großen Jungs auf der Straße.

Morten schlägt ein.

»Bis nächste Woche«, sagt er.

»Bis nächste Woche«, sagt Om auch zu Mama und Papa.

»Bis nächste Woche«, antworten seine Eltern.

Dann steigt Om auf ihr Fahrrad und fährt winkend weg. Ganz gemütlich. Morten winkt hinterher und muss grinsen. Nur er weiß, dass sie hinter der nächsten Ecke wie der Blitz davonrast.

»Und … äh … wie war es?«

Mama und Papa schauen ihn fragend an. Und Morten erzählt. So viel, wie er noch nie erzählt hat. Zuerst an der Haustür, dann beim Abendbrot und schließlich gemütlich auf dem Sofa. Bis tief in die Nacht, weil es immer noch etwas zu erzählen gibt. Von Oms Spezialfahrrad, von Hubert und dem Zauberwald, vom magischen Eingang, vom Gnoddel und den Anti-Angst-Pastillen, von den Wunschbeeren, dem Ringen mit den Ranken und davon, wie sie sich fast verlaufen hätten.

Und seine Eltern hören zu. So, wie sie noch nie zugehört haben.

Ob das an den Wunschbeeren liegt?

# Mit Om auf Schatzsuche

»Morten, bist du so weit?«, fragt Papa.

Morten sitzt auf der Treppe und nickt. Von seinem Stamm-
platz auf der mittleren Stufe hat er die letzte Viertelstunde
zugeguckt, wie seine Eltern seinen Rucksack gepackt haben.
Oder auch nicht gepackt haben.

Papa war nämlich der Meinung, dass Morten viele Sachen
gut gebrauchen kann, wenn er mit Om wieder einen Ausflug
macht. Deswegen hat Papa eine Schaufel, ein Seil, einen Kompass, eine Dose zum Sachensammeln und ganz viele andere
Dinge in einem großen Rucksack verstaut. Aber Mama war
der Ansicht, dass der Rucksack so viel zu schwer für Morten
ist – und hat alles wieder ausgeräumt.

Jetzt darf er einen leeren Rucksack mitnehmen.

Wieder so ein richtiger Kompromist.

Immerhin waren seine Eltern sich darin einig, dass es vermutlich rausgeht. Deswegen muss Morten auch kein Jackett tragen. Aber zufrieden ist er mit seiner Kleidung trotzdem nicht. Mama hat nämlich die Wettervorhersage angeguckt, die einen heißen Tag und blauen Himmel versprochen hat. Aber Papa hat gesagt: »Man kann nie wissen!« – und darum hat Morten jetzt eine Badehose und eine Regenjacke an, einen Sonnenhut auf dem Kopf und an den Füßen Gummistiefel. Aber letztlich ist das Morten egal. Hauptsache Om kommt bald.

Ob sie heute wirklich einen Ausflug machen? Und Abenteuer erleben? Und ob Om wieder auf ihrem verrückten Fahrrad kommt? Endlich klingelt es. Morten springt auf und öffnet die Tür, während Mama und Papa noch »Komme gleich!« und »Ich bin schon da!« rufen und sich dabei gegenseitig umrennen.

Da steht sie. Und wirklich, sie hat die gleichen Sachen an wie beim letzten Mal. Den Overall mit den vielen Taschen, den Gürtel mit den vielen Dingen daran und die Lederkappe mit der Schutzbrille auf dem Kopf. Auf dem Bürgersteig kann Morten das Fahrrad erkennen – und aus einer Tasche ihres Overalls lugt die Spitze einer

Rattenschnauze hervor und schnuppert neugierig in der Luft herum.

»Hallo, Mo!«, sagt sie und hebt die Hand, damit er einschlagen kann.

»Hallo, Om!«, sagt Morten und erwidert den Gruß – obwohl er ihr am liebsten um den Hals fallen würde. »Fahren wir heute wieder in den Zauberwald?«

»Nein«, meint Om. »Heute fahren wir an einen See. Bei der Hitze ist das genau das Richtige.«

»Siehst du!«, sagt Mama zu Papa.

Papa verzieht den Mund.

»… und außerdem machen wir vielleicht eine Bootsfahrt«, verrät Om. »Dafür hast du ja bereits die richtigen Seefahrerklamotten an. Samt Expeditionsgepäck!«

»Siehst du!«, sagt jetzt Papa zu Mama – und Mama verzieht den Mund.

»Also Mo, bist du startklar?«, fragt Om.

Morten nickt. Er kann es kaum erwarten – und blickt sicherheitshalber nicht noch einmal zu Mama und Papa. Sonst haben die wieder tausend Fragen und Einwände.

»Na dann: Los geht's!«, sagt Om.

Mama will Morten zum Abschied noch durchs Haar wuscheln und Papa hat den Kamm zum Wieder-gerade-Richten bereits in der Hand, aber da sitzen Om und Morten schon auf dem Fahrrad und strampeln los.

Kaum sind sie um die Ecke, legt Om den Hebel um, und das Fahrrad schießt davon wie ein Falke im Sturzflug. Sie flitzen an der Bäckerei vorbei, wo er morgens schon allein Brötchen holen geht …

… an der Pizzeria, in der er nach dem Essen immer ein paar Bonbons bekommt …

… an dem Friseur, wo Mama sich öfters die Haare schneiden lässt …

»Zu was für einem See fahren wir?«, fragt Morten, als sie an einer roten Ampel halten. »Ist es ein besonderer See?«

»Natürlich«, antwortet Om. »Spätestens wenn wir ihn besuchen, ist es ein besonderer See.«

»Ist es ein verzauberter See?«, fragt Morten weiter.

»Nicht ganz«, sagt Om. Und dann sagt sie erst mal gar nichts, weil die Ampel auf Grün springt und es weitergeht.

Sie fahren raus aus der Stadt …

 … vorbei an in der Sonne leuchtenden Weizenfeldern …

… an Streuobstwiesen, auf denen die Bäume voll mit Äpfeln hängen …

… durch einen dichten Wald, der die Straße in einen schattigen Tunnel verwandelt …

Schließlich taucht der See vor ihnen auf. Morten kann eine Badestelle mit Sandstrand und einem Kiosk entdecken, einen Bootsverleih und in der Mitte des Sees sogar eine kleine grüne Insel, die von einem dichten Schilfgürtel umgeben ist. Um den See herum reichen Bäume fast überall bis ans Ufer heran, und einige Äste ragen so weit ins Wasser, dass man bestimmt prima von ihnen hineinspringen kann. Mit anderen Worten: Es ist ein besonders *schöner* See – aber was sonst daran besonders sein soll, kann Morten nicht entdecken.

Als sie an dem Parkplatz vor dem Strand vom Rad steigen, hält Morten es nicht mehr aus.

»Was ist denn jetzt so besonders an diesem See?«, fragt er.

Om zwinkert ihm zu.

»Dreimal darfst du raten.«

Morten überlegt. Da er nichts sieht, liegt das Besondere vielleicht unter der Wasseroberfläche?

»Gibt es hier Wassernixen?«, fragt er. »Oder Wassermänner?« Seine Eltern haben ihm mal ein Buch vorgelesen, wo es darum ging. Aber so ganz geglaubt hat er eigentlich nicht daran.

»Nein«, Om schüttelt den Kopf. »Falsch geraten.«

»Ein Seeungeheuer?«

Er hat von einem See in Schottland gehört, wo es so etwas geben soll. Aber Om schüttelt zum zweiten Mal den Kopf.

»Nein, wieder daneben.«

Jetzt muss Morten schon etwas länger nachdenken. Vielleicht liegt das Besondere doch nicht unter der Wasseroberfläche? Plötzlich hat er eine Idee. Die Insel dahinten sieht fast aus wie …

»Ist es ein Piratensee?«, fragt er. »Mit einer Pirateninsel?«

»Richtig geraten.« Om klopft ihm anerkennend auf die Schultern. »Hier, genau an diesem See, hat es mal waschechte Piraten gegeben.«

Morten kriegt vor Staunen seinen Mund kaum zu.

»Gibt es hier auch einen Piratenschatz?«, platzt es aus ihm heraus.

Om schaut ihn einen Augenblick ernst an, dann nickt sie bedeutungsvoll. Und nach einem kurzen Blick über die Schulter, wie um zu prüfen, ob sie auch niemand belauscht, beugt sie sich zu Morten herunter und flüstert: »… und das Beste daran ist: Ich weiß sogar, wo er liegen soll.«

»Hast du eine Schatzkarte?«, fragt Morten aufgeregt – und vergisst dabei völlig, ebenfalls leise zu sein.

Om nickt.

»Wo?«

Jetzt tippt Om sich an ihre Stirn.

»Hier drin!«, sagt sie.

Morten ist ein wenig enttäuscht. Eine Schatzkarte zum Anfassen und selbst Draufgucken wäre ihm lieber gewesen. Aber immerhin: Eine Schatzkarte ist eine Schatzkarte.

»Ich war nämlich gestern in der Bibliothek«, erklärt Om, »da habe ich sie ganz genau studiert.«

»Gibt es dort Schatzkarten?«, fragt Morten. Davon hat er noch nie gehört.

»Natürlich nicht in einer normalen Bibliothek«, sagt Om. „Ich war in einer besonderen Bibliothek. In der Bibliothek der Schatzkarten. Dort werden alle Schatzkarten gesammelt,

die es gibt. Entdeckerschatzkarten, Goldgräberschatzkarten, Schmugglerschatzkarten … und natürlich auch Piratenschatz-karten. Sie sind auch sortiert, und zwar nach: gefunden – nicht gefunden. Man muss so eine Schatzkarte ja auch lesen können. Sie verstehen. Einfach eine in der Hand zu halten, reicht meistens nicht. Und unter anderem deswegen gibt es diese Bibliothek. Damit Leute, die eine Schatzkarte haben, aber den Schatz nicht finden, sie dort abgeben können. So können auch andere ihr Glück versuchen. Aber weil es jede Schatzkarte in der Regel nur einmal gibt, darf man sie nicht ausleihen – dafür sind sie viel zu wertvoll. Zum Glück habe ich ein gutes Gedächtnis.«

Zur Bekräftigung tippt sich Om noch einmal an den Kopf.

»Fast wie ein Fotoapparat.«

Morten ist beeindruckt. Und dann denkt er, dass der leere Rucksack, den er dabeihat, vielleicht doch nicht so blöd ist. Falls sie einen Schatz finden, haben sie gleich etwas, womit sie ihn transportieren können.

An der Badestelle haben einige Familien ihre Handtücher, Picknickdecken und Luftmatratzen ausgebreitet. Eine ganze Horde von Kindern tobt im Wasser, und am Kiosk hat sich sogar eine kleine Schlange gebildet.

»Sollen wir gleich mit der Suche anfangen?«, fragt Om. »Oder möchtest du erst mal ins Wasser?«

Morten schüttelt den Kopf.

»Das Wasser kann warten«, sagt er. »Zuerst sollten wir suchen.«

Nicht, dass ihnen am Ende jemand den Schatz vor der Nase wegschnappt.

»Na, dann komm«, sagt Om. »Wir müssen hier entlang.«
Damit marschiert sie auf einen schmalen Uferweg zu, der neben dem Parkplatz im Wald verschwindet. Morten folgt ihr gespannt.

Der Pfad windet sich durch dichtes Unterholz, über dicke Wurzeln und unter tief herabhängenden Zweigen. Manchmal verläuft er direkt am Wasser oder an Schilfgürteln entlang, manchmal etwas weiter weg vom See. Om beobachtet die ganze Zeit aufmerksam die Umgebung. Jeden Busch scheint sie mit der Karte in ihrem Kopf zu vergleichen. An einem großen bemoosten Stein bleibt sie stehen.

»Noch sind wir richtig«, sagt sie, »bei dem Stein hier war ein dickes Kreuz eingezeichnet. Und daneben stand ein Spruch:

*Drei Schritte vorbei,*
*dreh dich zum See*
*geh zehnmal die drei,*
*dann steh.*

Hast du eine Ahnung, was das bedeuten soll?«

»Hm … drei Schritte vorbei …«

Morten murmelt die Worte vor sich hin – und während er noch überlegt, führen seine Beine die Anweisungen wie von selbst aus. Er geht drei große Piratenschritte am Stein vorbei, dann dreht er sich nach rechts, so dass er die blaue Wasseroberfläche des Sees vor sich durch die Bäume glitzern sieht. Und dann macht er noch einmal dreißig große Piratenschritte und bleibt stehen.

»Hier muss es sein!«, ruft er aufgeregt.

Om kommt ihm hinterher. Zur Sicherheit macht sie die gleichen Schritte wie er – und landet direkt neben ihm.

»Du hast recht«, sagt sie. »Das muss die Stelle sein.«

»Müssen wir jetzt graben?«, fragt Morten und denkt an seine Schaufel. Schade, dass die nicht mehr im Rucksack ist. Die könnten sie jetzt gut gebrauchen.

Aber Om schüttelt den Kopf.

»Nein. Danach kam noch ein Spruch. Moment, gleich fällt er mir wieder ein.«

Während Om überlegt, hängt Morten förmlich an ihren Lippen. Ungeduldig tritt er von einem Fuß auf den anderen. Hoffentlich ist ihr Gedächtnis wirklich so gut, wie sie behauptet …

Gerade als er denkt, dass die Schatzsuche zu Ende ist, bevor sie richtig angefangen hat, hört er ihre Stimme. Eine Stimme, die gar nicht nach Om klingt, sondern so, als würde ein alter Pirat durch sie hindurch sprechen:

>*Such nicht im Boden,*
*lass der Erde ihr Reich.*
*Strebe nach oben,*
*dem Eichhörnchen gleich.*
*Schau genau!*
*Dann siehst du das Grüne im Blau.*«

Ohne ein weiteres Wort guckt sie ihn an. Morten wagt kaum zu atmen. Als könnte dadurch ein Zauber gebrochen werden. Aufmerksam sieht er sich um. Vielleicht kann er etwas entdecken, das mit den Worten zusammenpasst? Hat der umgestürzte Baum, der neben ihm seine Wurzeln in die Höhe streckt, etwas zu bedeuten? Oder der Busch mit den rosa Blüten? Die Eiche, die direkt neben ihnen in die Höhe wächst, wäre bestimmt ein toller Baum zum Klettern – aber dafür hat er jetzt keine Zeit. Sie müssen ja …

»Der Baum!«, ruft er. »Das ist es! Wir müssen auf den Baum klettern.«

Om sieht ihn mit großen Augen an.

»Du hast recht«, sagt sie. »Und ich habe schon gedacht, wir müssten Hubert wecken, damit er uns weiterhilft.«

Dann macht sie einen Schritt auf die Eiche zu, klopft an den Stamm und sieht zweifelnd an ihr hinauf.

»Ich fürchte, für meine alten Knochen ist so eine Kletterpartie nicht mehr das Richtige«, seufzt sie. »Da müssen wir den Schatz wohl Schatz sein lassen.«

»Aber ich kann doch klettern«, ruft Morten. Auf keinen Fall will er die Suche aufgeben. Die untersten Äste sind zwar etwas zu hoch für ihn, aber wenn Om ihm da hinaufhilft, kommt er allein weiter.

Und so machen sie es. Om stellt sich als Räuberleiter an den Stamm und über ihre Hände und Schultern kann sich Morten auf den untersten Ast ziehen. Von da arbeitet er sich vorsichtig nach oben. Schließlich erreicht er eine Astgabel, die einen wunderbaren Blick über den See bietet und außerdem ein bequemer Sitzplatz ist. Ein richtiger Piratenausguck.

»Siehst du was?«, ruft Om von unten.

»Ich seh' den See«, ruft Morten zurück.

»Irgendwas Besonderes?«

»Nein, nichts«, antwortet Morten enttäuscht. »Oder doch? Warte mal …«

Das Blattwerk vor ihm bildet einen Ausschnitt, in dem wie in der Mitte eines Bildes die Insel liegt. Sie erscheint jetzt viel näher als vorhin an der Badestelle. Und wie war das Ende des Spruchs?

*Schau genau!*
*Dann siehst du das Grüne im Blau.*

»Ich hab's!«, ruft er zu Om hinunter. »Wir müssen auf die Insel!«

Wie der Blitz klettert er hinunter zu Om. Dann müssen sie nicht lange beratschlagen. Im Eiltempo laufen sie zurück zur Badestelle und steuern zielstrebig den Bootsverleih an, der direkt daneben liegt.

»Mast- und Schotbruch«, begrüßt Om den Mann am Steg, »wir brauchen einen schwimmenden Untersatz. Für mich und meinen Leichtmatrosen.«

»Rudern oder treten?«, brummelt der Mann, ohne seine Pfeife aus dem Mund zu nehmen.

Om guckt Morten fragend an.

»Äh …«, sagt Morten – und wird rot.

Eigentlich würde er viel lieber rudern, schließlich sind sie an einem Piratensee. Und von Piraten in Tretbooten hat er noch nie gehört. Andererseits ist er schon mal mit seinen Eltern Tretboot gefahren, damit kennt er sich wenigstens aus. Auch wenn das eine ziemliche Katastrophe gewesen ist: Immer wenn Mama vorwärtswollte, hat Papa rückwärtsgestrampelt – und umgekehrt. Sie haben sich die ganze Zeit nur im Kreis gedreht, wie ein Karussell im Wasser.

»Ich kann nicht rudern«, sagt er schließlich kleinlaut.

»Ach, wenn's nur das ist«, lacht Om, »das bring ich dir bei. In meiner Zeit auf See war ich für die Ausbildung der Ruderer zuständig. Bei mir lernst du das in Nullkommanix.«

Und wirklich, nachdem Om das Ablegemanöver mit Leichtigkeit geschafft hat, drückt sie Morten ein Ruder in die Hand und zeigt ihm, worauf er achten muss. Hubert hat seinen Schlaf beendet und ist bei Om auf die Schulter gekrabbelt, wo er die Schnauze in den Wind steckt wie ein echter Piraten-Papagei – nein, wie eine echte Piratte –, und wenige Minuten später steuern sie wie echte Seeräuber die Schatzinsel an.

Nach einer halben Runde um die Insel finden sie eine Stelle, wo sie an Land gehen können. Der Schilfgürtel öffnet sich dort ein bisschen, und durch das flache Wasser kann Morten feinen Sand erkennen. Während Om sich die Schuhe auszieht und die Hosenbeine hochkrempelt, ist er schon aus den Gummistiefeln geschlüpft und bis zu den Oberschenkeln im Wasser. Eigentlich ist er ganz passend für dieses Abenteuer angezogen. Vom Ufer führt ein winziger Trampelpfad durchs Gestrüpp und auf eine kleine Hügelkuppe hinauf. Oben angelangt schauen sie sich um.

»Und jetzt?«, fragt Morten.

»Hm …«, überlegt Om, »ich weiß auch nicht. Ein Kreuz oder etwas Ähnliches war auf der Schatzkarte bei der Insel nicht eingezeichnet, daran würde ich mich erinnern. Und ein weiterer Spruch stand auch nicht dabei. Vielleicht hat Hubert eine Idee?«

Sie wendet ihren Kopf der Ratte zu, die immer noch auf ihrer Schulter sitzt, spitzt den Mund

und macht kleine Schmatzgeräusche. Hubert schaut Om aufmerksam an … und dann sieht es wieder so aus, als würde er ihr etwas ins Ohr flüstern.

Om hört aufmerksam zu, dann sagt sie: »Hubert meint, wir sollten nach Spuren von Menschen suchen. Nicht jeder Schatz ist vergraben. Und nicht immer hat die Natur alle Spuren verschluckt.«

Da auf der anderen Seite des Hügels der Pfad wieder nach unten führt, beschließen sie, ihm zu folgen. Ein Trampelpfad ist schließlich auch eine Spur.

Kurz vor dem Ufer werden sie fündig. Und wie! Sie entdecken zwar keinen Schatz, aber jede Menge weiterer Spuren.

Vor ihnen liegt an einer Lücke im Schilfgürtel eine kleine Lichtung. In der Mitte ist ein Steinkreis mit den verkohlten Resten eines Lagerfeuers zu sehen, umgeben von ein paar gefällten Baumstämmen als Sitzgelegenheit. Leider kullern auch leere Bierflaschen und anderer Müll herum.

So macht der Platz einen nicht mehr ganz so guten Eindruck. Dafür sind die ihn umgebenden Bäume so alt und knorrig, als würden sie schon seit Jahrhunderten das Treiben der Menschen an diesem Ort beobachten.

Morten schaut sich um. Er kann nichts entdecken, was auf einen Schatz hinweist. Om ist zum Steinkreis gegangen und stochert mit einem Stock in der kalten Asche herum. Dabei lässt sie den Blick schweifen. Plötzlich geht sie zielstrebig auf einen der alten Bäume zu.

»Guck mal, Mo!«, sagt sie. »Der Baum hier ist hohl.«

Morten folgt ihr. Seit wann der Baum wohl hohl ist? Wenn er so alt ist, wie er aussieht, könnte er seit Piratenzeiten an diesem Platz stehen, dann könnte …

Bevor er den Gedanken zu Ende denken kann, hat Om in den Spalt gegriffen und etwas herausgezogen.

»Schau mal, was ich gefunden habe«, ruft sie und streckt ihm ihre Hand entgegen.

Morten reißt die Augen auf. Darin liegt eine Münze! Sie ist ziemlich groß und vielleicht sogar aus Gold … und auf jeden Fall so alt und abgenutzt, dass die Aufschrift nicht mehr zu entziffern ist. Morten hat so eine Münze noch nie gesehen.

»Ist das eine Piratenmünze?«, fragt er. Vor seinen Augen sieht er bereits eine Truhe mit einem glitzernden Schatz.

»Das könnte sein«, antwortet Om und untersucht den Hohlraum. Aber obwohl sie eine kleine Taschenlampe aus ihrem Overall hervorzaubert und in den Spalt hineinleuchtet, können sie keine Goldmünzen oder Schmuckstücke entdecken.

»Hm, merkwürdig«, überlegt Om. »Eine Münze allein ist eigentlich kein Schatz. Andererseits kommt eine einzelne Münze nicht zufällig an so einen Ort. Gibt es hier vielleicht noch mehr hohle Baumstämme?«

Morten läuft sofort alle an der Lichtung stehenden Bäume ab, aber er kann keine weiteren Verstecke finden. Plötzlich schlägt sich Om an die Stirn.

»Ich hab's. So ein Pech aber auch.«

»Was denn?«, fragt Morten.

Om deutet auf das Lagerfeuer und die herumliegenden Flaschen.

»Die Leute, die hier das Lagerfeuer gemacht haben, haben uns den Schatz direkt vor der Nase weggeschnappt«, sagt sie, »und ihren Fund danach ordentlich gefeiert. Wie echte Piraten, die waren schließlich bekannt für ihre Saufgelage.«

»Aber …« Mo weiß vor Enttäuschung gar nicht, was er sagen soll.

»Wahrscheinlich gerade gestern, den Feuerspuren nach zu urteilen. Deswegen war der Schatz in der Bibliothek als »nicht gefunden« einsortiert – weil er gestern, als ich in der Bibliothek war, eben noch nicht gefunden war!«

Traurig kickt Morten eine der leeren Bierflaschen zur Seite. Sie waren so dicht dran! Om betrachtet nachdenklich die alte Münze in ihrer Hand.

»Die eine hier scheinen sie übersehen zu haben«, überlegt sie. »Oder sie ist aus der Schatzkiste rausgefallen. Na, immerhin ein kleines Andenken haben sie uns gelassen.«

»Ihre blöden Flaschen hätten sie aber ruhig mitnehmen können«, schimpft Morten.

Irgendwie muss er seinen Ärger schließlich loswerden. Om runzelt die Stirn.

»Sind das nicht Pfandflaschen?«, fragt sie.

Morten hat gerade wieder zu einem Tritt angesetzt, aber jetzt bückt er sich und untersucht die Flasche vor ihm.

»Stimmt«, ruft er und deutet auf das Zeichen. »Das steht drauf!«

»Na dann«, sagt Om und grinst breit, »haben wir ja doch einen Schatz gefunden.«

Als sie zum Bootsverleih zurückrudern, ist Mortens Rucksack bis oben voll mit Pfandflaschen. Der Biergeruch war zwar etwas eklig, aber zum Glück konnten sie die Flaschen vorm Einpacken im See ausspülen. Jetzt merkt man kaum noch, was drin war – und von dem bisschen Bier werden die Fische sicher nicht betrunken. Auch die Flaschen, die kein Geld bringen, und den sonstigen Müll haben sie eingesammelt. Auf der Insel haben diese Sachen schließlich nichts verloren. Beim Kiosk können sie ihren Fund einlösen und den Abfall loswerden. Stolz berichtet Morten dabei von ihrem Abenteuer, weswegen ihnen der Verkäufer sogar ein Eis spendiert.

»Der See gehört mir zwar nicht«, erklärt er, »aber ich fühle mich trotzdem dafür verantwortlich. Und ich kann es nicht leiden, wenn die Leute ihren Müll liegen lassen.«

Morten darf das ganze Pfandgeld behalten und sogar die alte Münze, obwohl Om die gefunden hat. Anschließend gehen sie noch baden. Das heißt, Morten geht baden, während Om am Strand sitzt und zuguckt. Zum Glück sind andere Kinder da, mit denen er sich herrlich nass spritzen kann, wie bei einer echten Piraten-Wasserschlacht.

Auf dem Rückweg ist Morten so k. o., dass er fast einschläft. Aber er reißt sich zusammen und strampelt mit, bis sie vor seiner Haustür halten.

Mama und Papa stehen schon am Gartentor und warten. Anscheinend hat der Ausflug etwas länger gedauert als geplant.

»Und?«, fragen sie. »Wie war es?«

»Wir waren auf einer Pirateninsel!«, ruft Morten. »Und wir haben einen Schatz gefunden!«,

»Wirklich?«

Mama und Papa sehen aus, als ob sie nicht wissen, ob sie besorgt oder neugierig sein sollen. In dieser Unentschiedenheit sind sie sich sogar einig.

Stolz zeigt Morten ihnen die gefundene Münze.

»Hier ist der Beweis«, sagt er.

Und nachdem Om sich verabschiedet hat, erzählt Morten seinen Eltern in allen Einzelheiten von ihrem Abenteuer. Vom See und der Schatzkarten-Bibliothek, von Oms fotografischem Gedächtnis und den rätselhaften Sprüchen, von dem Baum, auf den er geklettert ist und von dem aus er die Pirateninsel entdeckt hat, von seinen Erfolgen beim Rudern, von Huberts Ratschlägen und dem Pfad über die Insel, von den Resten des Lagerfeuers und dem hohlen Baum, aus dem Om die Münze gezogen hat. Und davon, dass sie zwar nicht den Schatz gefunden haben, den sie gesucht haben …

… aber einen Schatz allemal.

# Mit Om in geheimer Mission

»Morten, wo steckst du?«, ruft Mama.

Papa ruft nichts. Der ist gerade beim Einkaufen.

»Morten!« Mamas Stimme wird lauter. »Sie kann jeden Moment klingeln!«

Morten verdreht die Augen. Entschuldigung: Mo verdreht die Augen. Erstens, weil sie ihn immer noch Morten nennt, obwohl er doch jetzt Mo ist. Und zweitens, weil er schon längst draußen vor der Tür sitzt und auf Om wartet.

Heute sieht er seine Leihoma zum dritten Mal – und er kann es kaum erwarten. Was für ein Abenteuer sie wohl heute erleben?

Mo ist sich sicher, dass es ein Abenteuer gibt. Ob sie wieder in den Zauberwald fahren? Oder an den Piratensee? Oder an einen neuen Ort?

Auch seine Eltern waren sich sicher, dass es rausgeht. Weil die Sonne scheint, war diesmal Papa für leichte Kleidung. Doch da ein frischer Wind weht, hatte Mama Angst, dass er sich erkältet. Und okay, die kurze Hose und die Sandalen trägt er gerne. Und der dicke Schal ist eigentlich sein Lieblingsschal und die Wollmütze passt prima dazu. Alles zusammen ist allerdings wieder ein richtiger Kompromist.

»Morten!!«

Mo steht auf und ruft ins Haus: »Ich bin längst hier!«

»Wo?«

»Draußen. Vor der Tür.«

»Was machst du denn da?«

»Na, Om kommt doch jeden Moment.«

»Ach, stimmt ja.«

Anscheinend hat Mama ganz vergessen, weswegen sie ihn sucht.


Als er sich wieder umdreht, sieht er Om kommen. Endlich! Aber was ist das? Statt auf ihrem Fahrrad kommt sie zu Fuß, ganz langsam und auf einen Stock gestützt. Und ihren Overall, der so nach Abenteuer aussieht, hat sie auch nicht an. Sie sieht aus, wie Omas eben aussehen. Omahut, Omabluse,

Omarock und Omaschuhe. Sogar ihre Haare sind omamä-
ßig frisiert. Und eine Omahandtasche hat sie auch dabei. Fast
hätte er sie nicht erkannt!

Mo ist ein wenig enttäuscht.
»Fahren wir heute wieder in den Zauberwald?«, fragt er trotz-
dem, als sie vor ihm steht. »Oder an den Piratensee?«
»Sehe ich so aus?«, fragt sie zurück.

Mo schüttelt den Kopf. Was sie stattdessen machen, traut er sich gar nicht zu fragen. Bestimmt irgendetwas Langweiliges. Enttäuscht blickt er zu Boden.

»Nicht für jedes Abenteuer braucht man die gleiche Ausrüstung«", sagt Om und knufft ihn.

Als er zu ihr hochguckt, zwinkert sie ihm zu.

»Heute haben wir einen Auftrag«, flüstert sie. »Und zwar einen *geheimen* Auftrag.«

Dabei hebt sie ganz leicht ihren Omahut an. So, dass nicht nur der Omahut in der Luft hängt, sondern auch ihre Omafrisur … und darunter ihre echten Haare zum Vorschein kommen. Weiß wie Schnee und raspelkurz. Stimmt, die hat Mo noch nie gesehen. Bisher hatte Om immer ihre Lederkappe auf.

»Zum Glück habe ich noch paar Sachen aus meiner Zeit beim Theater«, sagt sie und lässt ihre Haare wieder unter der Perücke verschwinden. »Bist du bereit?«

Mo nickt. Jetzt kann er es kaum noch erwarten. Wenn seine Mama nicht in dem Augenblick vor die Tür gekommen wäre, hätte er sich gar nicht von ihr verabschiedet.


»Wo ist denn dein Fahrrad?«, fragt Mo, als sie ein Stück die Straße hinuntergegangen sind. »Und Hubert? Hast du den auch zu Hause gelassen?«

»Hubert macht gerade ein Nickerchen in meiner Handtasche«, antwortet Om, »und das Fahrrad ist in der Werkstatt zur Reparatur. Aber das wäre auch viel zu auffällig für unseren Auftrag. Deswegen fahren wir heute mit der Straßenbahn.«

Das findet Mo gut. Straßenbahnfahren ist immerhin schon ein kleines Abenteuer. Seine Eltern fahren nie Straßenbahn, die nehmen immer das Auto – eine der wenigen Sachen, wo sie sich einig sind. Obwohl sie nicht weit laufen müssten.

… und da sieht er die Haltestelle schon …

… und gerade kommt eine Straßenbahn …

… und sie müssen rennen, damit sie die erreichen. Und Om baucht auf einmal gar nicht mehr ihren Krückstock.

»Was ist denn nun unser Auftrag?«, will Mo wissen, als sie in der Straßenbahn sitzen.

Om senkt die Stimme, damit die anderen Fahrgäste sie nicht hören.

»Wir müssen etwas überbringen.«

»Etwas überbringen? Was denn?«, fragt Mo.

»Pssst!«, macht Om. »Nicht so laut. Ich habe einen Freund beim Geheimdienst, der heute einen dringenden Auftrag hat. Aber da er mit Fieber im Bett liegt, hat er mich um Hilfe gebeten.«

»Und?«, fragt Mo, der vor Aufregung kaum stillsitzen kann.

»Ich wollte ihm eigentlich absagen«, sagt Om und lehnt sich zurück.

»Warum das denn?«

Mo kann es nicht fassen. Einen Geheimdienstauftrag ablehnen? Das ist aufregender als alles, was er sich vorstellen kann.

»Na, weil ich mit dir verabredet bin«, antwortet Om.

»Aber ich kann dir doch helfen!«

»Das hat mein Freund auch gemeint«, sagt Om und senkt wieder ihre Stimme. »Eine Oma mit ihrem Enkel ist die beste Tarnung für Geheimagenten, die es gibt. Und deswegen habe ich den Auftrag dann angenommen. Ich hoffe, du bist einverstanden?«

Mo nickt. Ein echter Geheimauftrag – und wie er damit einverstanden ist!

Als sie in der Innenstadt aus der Straßenbahn aussteigen, bewegt Om sich mit vorsichtigen, kleinen Schritten. Sie sieht wirklich aus wie eine ganz normale Oma, die nicht mehr ganz so gut zu Fuß ist. Und er sieht aus wie ein ganz normaler Enkel. Na ja, fast … bis auf den dicken Schal zu den kurzen Hosen. Trotzdem sind sie ein perfektes Team, findet Mo.

Unauffällig schaut er sich um. Ob ihnen jemand folgt? Werden sie beobachtet?

Da, der große Mann mit den breiten Schultern!

Hat der nicht in der Straßenbahn hinter ihnen gesessen?

… aber dann geht der Mann in ein großes Bürogebäude und taucht nicht wieder auf.

Und die Frau in dem roten Kleid? Schaut die nicht ständig in ihre Richtung?

… aber dann begrüßt sie eine andere Frau und achtet gar nicht mehr auf Om und ihn.

Om scheint das alles nicht zu kümmern. Zielstrebig steuert sie ein Schuhgeschäft an.

»Entschuldigung«, fragt sie die Frau an der Kasse, »hätten Sie vielleicht einen leeren Schuhkarton für mich?«

Verwundert hebt die Frau die Augenbrauen.

»Was wollen Sie denn mit einem leeren Karton?«

»Ich muss etwas verschicken. Und ein Schuhkarton hat genau die richtige Größe.«

Die Verkäuferin verzieht ein wenig das Gesicht, aber dann reicht sie Om einen Karton.

»Passt der?«

Om nickt. »Der ist genau richtig. Vielen Dank.«

Zum Abschied zwinkert sie der Verkäuferin zu und macht mit der Hand ein merkwürdiges Zeichen. Dann sind sie wieder draußen vor der Tür.

Mit dem Schuhkarton.

Mo darf den Karton tragen. Eine Oma muss sich schließlich auf ihren Krückstock stützen, da hat sie die Hände nicht frei. Vorsichtig schüttelt er den Karton. Aber nichts klappert, nichts klackert, nichts raschelt und nichts rappelt. Und leicht ist er außerdem.

»Wozu brauchen wir einen leeren Karton?«, fragt Mo leise.

»Der ist doch nicht leer!« Om schüttelt den Kopf. »Dieser Karton ist ein ganz besonderer Karton. Er enthält wichtige Geheiminformationen, die wir überbringen müssen. Das ist unser Auftrag. Unsere Mission.«

Mo bekommt große Augen. Damit hat er nicht gerechnet. Es sah doch alles nach einem ganz normalen Schuhgeschäft aus?!

»Bisher läuft alles nach Plan«, erklärt Om. »Unsere Kontaktfrau hat genau so reagiert, wie abgesprochen.«

»Welche Kontaktfrau?«, fragt Mo.

»Die Verkäuferin im Schuhgeschäft«, antwortet Om. »Unser ganzes Gespräch, das war alles ein Code. Jedes Wort war auch ein Zeichen für etwas anderes.«

»Ein Zeichen für was?«

»Na, dass wir Geheimagenten sind und die Geheiminformationen abholen«, antwortet Om.

»Aber der Karton fühlt sich ganz leicht an«, wendet Mo ein. »Vielleicht hat sie ihn verwechselt?«

»Bestimmt nicht. Die Frau ist ein absoluter Profi. Die sah doch so was nach Schuhverkäuferin aus! Aber vielleicht hast du recht, und der Karton ist wirklich leer …«

Om ist stehen geblieben und kratzt sich nachdenklich unter ihrer Perücke. Mo erschrickt. Dann wäre ihr geheimer Auftrag ja total sinnlos!

»… bis auf eine Nachricht«, überlegt Om weiter. »Auf einem dünnen Blatt Papier, das fast nichts wiegt. Oder die Nachricht ist direkt von innen in den Karton geschrieben. Oder es ist ein Mikrofilm. Oder ein Mikrochip. Oder ein Mikro…«

»Sollen wir nachgucken?«, schlägt Mo vor.

»Nein, natürlich nicht.«

»Warum nicht?« Mo ist enttäuscht.

»Je weniger wir wissen, desto besser. Falls unsere geheime Mission aufgedeckt wird und wir gefangen genommen werden, können wir nichts verraten.«

Das leuchtet Mo ein. Dass so eine geheime Mission auch gefährlich ist, hatte er fast vergessen. Vorsichtig schaut er sich um. Aber weder der Mann mit den breiten Schultern noch die Frau im roten Kleid sind zu sehen.

Und auch sonst niemand, der ihm verdächtig vorkommt.

Plötzlich kriegt Mo einen Riesenschreck.

»Müssen wir nicht Sonnenbrillen tragen?«, fragt er.

Mo hat neulich so einen Film gesehen – und in dem hatten alle Geheimagenten Sonnenbrillen auf. Om wiegt nachdenklich den Kopf.

»Du hast zwar recht«, sagt sie. »Viele Geheimagenten tragen Sonnenbrillen. Aber das sind die Anfänger. Die echten Superprofis tragen keine.«

»Warum denn?«
Mo findet das schade. Er hätte gerne eine
Sonnenbrille getragen.

»Na, dann sieht jeder, dass wir Geheimagenten sind. Und ein Geheimagent, von dem man weiß, dass er ein Geheimagent ist, ist höchstens noch ein Agent. Ohne geheim. Guck mal, der da.«

Om zeigt auf einen jungen Mann mit einer coolen Sonnenbrille, der gerade an ihnen vorbeigeht und so tut, als wären sie gar nicht da.

»So ein Grünschnabel«, sagt sie. »Da sieht doch jeder, dass das ein Agent ist.«

Mo nickt. Das sieht wirklich jeder. Im Gegensatz dazu hat er von der Schuhverkäuferin nicht gedacht, dass sie eine Agentin ist. Bestimmt sind die unauffälligsten Leute die gefährlichsten! Mo sieht sich um. Auf einmal sehen ganz viele Menschen verdächtig aus.

Sehr, sehr verdächtig.

Jetzt ist er froh, dass sie keine Sonnenbrillen tragen. Mit so einem Superprofi wie Om an seiner Seite ist er automatisch auch ein Superprofi. Obwohl es sein allererster Auftrag als Geheimagent ist.


»Und wohin bringen wir den Karton jetzt?«, flüstert Mo.

»Das weiß ich nicht«, antwortet Om.

»Aber …«

Mo verschlägt es die Sprache. Wozu haben sie den Karton dann geholt? Müssen sie ihn mit nach Hause nehmen und

aufbewahren? Tagelang? Wochenlang? Das ist bestimmt gefährlich!?

»Das weiß ich *noch* nicht«, verbessert Om sich. »Zum Glück
hat mir die Verkäuferin verraten, wo ich gucken muss. Mit
einem Code-Wort.«

»Wo denn?«, will Mo wissen.

Statt eine Antwort zu geben, steuert Om einen Kiosk an und
kauft eine Zeitung. Konzentriert blättert sie darin herum.

»Aha, hier haben wir es«, sagt sie schließlich.

»Was denn?«, will Mo wissen.

»Hier steht es, schwarz auf weiß«, erklärt Om. »Natürlich verschlüsselt. Wir sollen um 16.33 Uhr vorm Rathaus in die Straßenbahnlinie 7 steigen und den Karton bei der Haltestelle liegen lassen. Das ist in einer knappen Stunde. Prima, da haben wir noch Zeit, ein Eis zu essen.«

»Dürfen Geheimagenten denn Eis essen?«, fragt Mo.

»Natürlich. Vor allem wir. Etwas Unauffälligeres als eine Oma, die mit ihrem Enkel Eis isst, gibt es nicht.«

Bei der Riesenportion, die Mo sich dann aussuchen darf, fragt er sich zwar, ob eine kleinere Portion nicht *noch* unauffälliger gewesen wäre. Aber bei Eis kann er nicht widerstehen. Und andere Omas sind schließlich auch spendabel.

Nach dem Eis gehen sie zum Rathaus und warten an der Haltestelle auf die Straßenbahn. Praktisch, dass sie sowieso mit der Linie 7 fahren müssen, wenn sie nach Hause wollen.

Um Punkt 16.33 kommt die Straßenbahn angezockelt. Mo guckt sich unauffällig um. Der Karton liegt zwischen ihnen auf der Bank.

»Kommst du?«, fragt Om.

Mo nickt. Brav, wie ein ganz normaler Enkel, steigt er mit seiner ganz normalen Oma in die ganz normale Straßenbahn. Den Karton würdigt er keines Blickes. Das wäre zu auffällig. Er hat ihn doch vergessen, da auf der Bank … obwohl er gerade an nichts anderes denken kann.

Hoffentlich geht alles gut!

Sie suchen sich einen Platz und setzen sich. Schon wollen sich die Türen schließen, da springt ein junger Mann in letzter Sekunde in den Wagen. In der Hand hält er …

… ihre Mission!

»Entschuldigung, Sie haben etwas vergessen.«

Der junge Mann hält Om den Karton unter die Nase. Mo hält vor Schreck die Luft an. Das war nicht geplant!

Aber Om bleibt ganz ruhig.

»Oh, das ist sehr freundlich von Ihnen«, bedankt sie sich. »Das passiert mir in letzter Zeit immer öfter. Im Alter wird man wohl vergesslich.«

»Ach was, das kann jedem passieren«, sagt der junge Mann und lacht. »Ich lasse auch ab und zu etwas liegen.«

Damit verabschiedet er sich und sucht sich weiter vorne einen Sitzplatz.


»Was machen wir jetzt?«, flüstert Mo, als der junge Mann weg ist. »Fahren wir zurück und lassen den Karton noch mal liegen?«

»Nein, das wäre zu auffällig«, antwortet Om. »Aber keine Sorge, auf solche Zwischenfälle sind wir vorbereitet. Dafür gibt es einen Plan B. Und zum Glück habe ich noch die Zeitung.«

Sie schlägt die Zeitung auf und fängt wieder an zu suchen.

»Aha, hier haben wir es. An der nächsten Haltestelle müssen wir aussteigen.«


Kaum sind sie draußen, taucht eine kleine Schnuppernase aus der Handtasche auf.

»Na, Hubert, ausgeschlafen?«, fragt Om. »Oder ist dir langweilig?«

Die Ratte klettert aus der Tasche, setzt sich bei Om auf die Schulter und reckt ihre Schnauze. Wieder sieht es aus, als würde Hubert ihr etwas ins Ohr flüstern.

»Was, bist du sicher?«

Om macht ein besorgtes Gesicht. Aufmerksam lauscht sie der Ratte, dann winkt sie Mo zu sich heran und flüstert: »Nicht erschrecken. Und vor allem: nicht umdrehen. Hubert meint, wir werden verfolgt.«

Mo bleibt die Luft weg. Also doch! Seit sie in der Straßenbahn den Karton wiederbekommen haben, hat er ein komisches Gefühl. Verstohlen sieht er sich um. Wer kann es sein?

Der alte Mann mit der Einkaufstasche?

Aber der geht in eine andere Richtung davon.

Das Pärchen mit dem Kinderwagen?

Aber die saßen schon vorher hier an der Haltestelle.

Oder die Frau mit der Sonnenbrille, die gerade konzentriert auf ihrem Handy herumtippt und keine drei Meter von ihnen entfernt steht?

Die ist auch gerade ausgestiegen, direkt hinter ihnen!

»Du meinst …« Mo macht ein leichtes Zeichen mit seinem Kopf in Richtung der Frau.

»Genau«, flüstert Om. »Die mit der Sonnenbrille. So eine Anfängerin, damit hat sie sich verraten.«

»Und jetzt?«

Vor Aufregung schafft es Mo kaum, leise zu sprechen.

»Ich muss den Karton hier gleich um die Ecke ablegen«, flüstert Om weiter. »Das darf sie natürlich nicht mitkriegen. Du musst sie ablenken.«

»Was? Ich?!«

Mo rutscht das Herz in die Hose. Mit Om an seiner Seite hat er sich sicher gefühlt, trotz aller Gefahren. Aber jetzt sollen sie sich trennen? Und er soll ganz allein ihrer Verfolgerin gegenübertreten?

»Keine Sorge, das schaffst du!« Om holt eine kleine Dose aus ihrer Handtasche. »Hier, das sind meine neuen Mutmach-Pillen. Die wirken so ähnlich wie die Anti-Angst-Pastillen, nur stärker. Verbesserte Rezeptur.«

Fast automatisch hält Mo seine Hand auf, eine Pille purzelt hinein und – schwups – landet sie in seinem Mund. Er schmeckt den Pfefferminz auf seiner Zunge, spürt Oms Hand auf seiner Schulter und hört ihre Stimme: »Frag sie irgendetwas, verwickle sie in ein Gespräch … du schaffst das schon!«

Dann ist er allein.

Gebannt starrt er die Frau an, die immer noch mit ihrem Handy beschäftigt zu sein scheint. Aber so genau kann er das hinter den schwarzen Sonnenbrillengläsern nicht sehen.

Den Vorteil haben die Dinger dann doch. Und wenn er nicht gleich etwas unternimmt, kriegt die Frau vermutlich mit, wohin Om geht.

Mo nimmt all seinen Mut zusammen. Er denkt an ihren Auftrag …

… an Om, die auf ihn zählt …

… an die Pille, die bestimmt gleich wirkt …

»Entschuldigung, können Sie mir vielleicht helfen?«

Er hat tatsächlich die fremde Frau angesprochen. So etwas hat er noch nie gemacht. Und dabei ist sie eine feindliche Spionin!

»Worum geht's denn, mein Kleiner?«

Mo starrt in die dunklen Gläser, in denen sich eine Miniversion seines eigenen Gesichts spiegelt – und die ihm sonst nichts über die Frau verraten. Immerhin, ihr Mund scheint zu lächeln.

»Ich … ich habe was verloren«, platzt es aus Mo heraus.

»Was denn?«

Mo hat keine Ahnung, was er verloren hat. Er hat ja nichts verloren. Jetzt braucht er dringend eine Idee.

»Ich … meine Oma … die …«

Mo kann es fast hören, wie es in seinem Kopf rattert.

»… die … die hat mir einen Euro geschenkt … damit ich mir was Süßes kaufen kann.«

Was redet seine Zunge da?! Mo weiß nicht, wo er das herhat, aber jetzt kommt er in Fahrt und macht einfach weiter.

»Als wir ausgestiegen sind, da … da hatte ich ihn noch in der Hand … und jetzt ist er weg. Er muss hier irgendwo liegen.«

»Hier?«

Suchend lässt die Frau ihren Blick über den Boden schweifen. Das ist super! Wenn sie nach unten guckt, kann sie Om nicht im Auge behalten.

»Ja … oder vielleicht auch da.«

Mo zeigt in Richtung Straßenbahnschienen – weg von dort, wohin Om gegangen ist.

»Hm …«

Die Frau wandert, den Kopf gesenkt, ein paar Schritte umher. Dann seufzt sie: »Tja, ich sehe nichts. Tut mir leid. Deinen Euro kann ich leider nicht finden.«

»Aber …«

Mo spürt, wie ihm die Tränen kommen. Nicht wegen dem Geldstück, das gibt es ja gar nicht. Nein, jetzt muss er sich etwas Neues ausdenken! Und er hat keine Ahnung, was oder wie oder wo oder …

»Das ist aber nett, dass Sie meinem Enkel helfen.«

Plötzlich steht Om neben ihm. Mo hat keine Ahnung, wie sie so schnell wieder aufgetaucht ist. Tröstend legt sie eine Hand um seine Schulter und zwinkert ihm zu. »Aber ich glaube, das Problem ist gelöst. Ich habe den Ausreißer gefunden.«

Und damit hält sie eine Ein-Euro-Münze hoch.

Mo würde ihr am liebsten um den Hals fallen. Gar nicht wegen der Münze, die gehört ihm ja nicht. Sondern wegen dem Karton! Der ist nämlich …

… weg!

Verschwunden!!

Heimlich abgelegt!!!

Geheimauftrag ausgeführt!!!!

Und den Euro darf er außerdem behalten.

Als sie kurz darauf nach Hause kommen, kriegt Mo noch einmal einen Riesenschreck. Schon von weitem sieht er Mama und Papa im Vorgarten arbeiten. Und beide haben …

… Sonnenbrillen auf!

Hilfesuchend sieht er Om an.

»Keine Sorge«, flüstert sie. »Nicht alle Spione tragen Sonnenbrillen. Und nicht alle mit Sonnenbrillen sind Spione.«

Trotzdem, heute wird er seinen Eltern nicht alles erzählen. Nur dass er mit Om Straßenbahn gefahren ist und sie in der Innenstadt waren und Eis gegessen haben. Himbeereis, Schokoladeneis, Pistazieneis, Walnusseis, Waldbeereneis und Mangoeis – für ihn sogar mit einer Riesenportion Streusel obendrauf. Und von dem geschenkten Euro kann er auch erzählen. Aber mehr nicht!

Denn dass er heute ein Geheimagent war, das ist schließlich geheim.

# Auf nach Omerika

»Mitzi, mach Platz!«, ruft Mama.

»Mitzi, schau mal das Wollknäuel!«, ruft Papa.

Aber Mitzi macht lieber das, was er will. Und das ist anscheinend gerade, faul in der Ecke zu liegen und auf Mos alter Action-Figur herumzukauen.

Mitzi ist ihr neuer Mitbewohner. Ihr neues *Familienmitglied*. Seit letztem Wochenende haben sie nämlich einen Hund. Darüber freut sich Mo auch riesig, er wollte unbedingt ein Haustier – und am allerliebsten einen Hund. Und dass Mitzi seine Action-Figur mag, ist auch voll okay. Mit der spielt Mo sowieso kaum noch. Aber dass seine Eltern nur mit dem Hund beschäftigt sind, nervt ein wenig. Vor allem, weil sie nie dasselbe von ihm wollen. Vielleicht liegt das daran, dass Papa eigentlich für eine Katze war – weswegen der Hund einen Katzennamen bekommen hat.

Als Kompromist, natürlich.

»Mitzi, wo ist das Stöckchen?«, ruft Mama.

»Mitzi, willst du noch ein Leckerli?«, ruft Papa. Er hat extra *besonderes* Katzenfutter gekauft, weil Mitzi das andere nicht mochte. Auf die Idee, Hundefutter zu besorgen, ist er bisher nicht gekommen.

Mo sitzt vor der Haustür auf der Treppe und wartet. Er ist froh, dass Om gleich kommt und ihn abholt. Da geht es endlich wieder um ihn.

Gerade als er denkt, dass sie ihn heute vielleicht vergessen hat, biegt sie auf ihrem verrückten Fahrrad und in ihrem noch verrückteren Overall um die Ecke.

»Haben wir heute wieder einen Auftrag?«, fragt Mo, als sie vor ihm hält.

»Nein«, sagt Om. »Heute machen wir, was wir wollen.«

Das findet Mo prima. Er überlegt, ob er lieber in den Zauberwald, an den Piratensee, in die Stadt zum Eisessen oder ganz woanders hinwill. Doch bevor er sich entscheiden kann, stehen seine Eltern mit ihrem neuen Familienmitglied in der Tür.

»Könnten Sie vielleicht den Hund mitnehmen?«, fragt Mama. »Er braucht ein wenig Bewegung.«

»Natürlich«, antwortet Om, bevor Mo etwas einwenden kann. »Wie heißt er denn?«

»Mitzi«, sagt Papa.

»Hallo, Mitzi«, begrüßt Om den Hund und krault ihn hinter den Ohren – als wäre ein Hund mit einem Katzennamen das Normalste der Welt. »Schön, dich kennenzulernen.«

Mitzi wedelt mit dem Schwanz und scheint gleich Freundschaft mit Om zu schließen. Mo ist alles andere als begeistert. Heute machen sie wohl doch nicht, was sie wollen. Sondern das, was Mama und Papa wollen.

Mit Mitzi Gassi gehen.

»Hier ist die Leine«, sagt Mama und hält Om die Hundeleine hin.

»Hier ist seine Gummimaus«, sagt Papa und drückt Om das Katzenspielzeug in die Hand, das Mitzi bisher kaum beachtet hat.

»Viel Spaß!«, rufen ihnen beide hinterher, nachdem Om den Hund im Fahrradkorb platziert und Mo seinen Helm aufgesetzt hat und sie sich aufs Rad geschwungen haben.

Als sie um die Ecke sind, dreht Om das Tempo voll auf. Mitzis Ohren flattern im Fahrtwind und seine Zunge hängt ihm aus dem Maul und flattert mit den Ohren um die Wette. Das sieht lustig aus, aber Mo ist nicht nach Lachen zumute. Er wäre lieber allein mit Om unterwegs. Das heißt mit Om und …

»Schläft Hubert?«, erkundigt Mo sich gegen den Fahrtwind nach der Ratte.

»Nein«, antwortet Om, »oder vielleicht doch. Ich weiß es nämlich nicht. Er hatte heute keine Lust, uns zu begleiten. Ich glaube, er ist ein wenig erkältet.«

Na prima, denkt Mo, das ist ja ein toller Tausch. Statt einer coolen Ratte, die in allen Notlagen eine Lösung weiß, haben sie einen Hund mit Katzennamen dabei, der zu blöd zum Stöckchenholen ist. Seufzend lehnt er sich zurück. So hat er sich diesen Tag nicht vorgestellt. Aus Protest tut er nur so, als würde er in die Pedale treten.

Trotzdem flitzen sie an dem Kiosk vorbei, wo er sich neulich einen Comic gekauft hat …

… an dem Springbrunnen, in dem er diesen Sommer schon mal mit den Füßen drin war …

… an dem Restaurant, wo sie Papas letzten Geburtstag gefeiert haben …

»Und, wohin möchtest du?«, fragt Om, als sie an einer roten Ampel halten.

»Ach, egal«, murmelt Mo.

Om dreht sich nach ihm um und sieht ihn fragend an. Aber Mo guckt einfach weiter auf die Straße.

»Alles in Ordnung?«, fragt Om.

Mo zuckt mit den Schultern.

»Weiß nicht«, antwortet er schließlich.

»Dann entscheide ich«, sagt Om und strampelt los, weil die Ampel gerade auf Grün springt.

Kaum sind sie aus der Stadt raus, biegt Om in einen Feldweg ein. Hier können sie nicht so schnell fahren, weil es huckelig ist und stark ruckelt. Jetzt wackeln Mitzis Ohren auf und ab, als wollte er gleich damit wegfliegen. Aber auch das findet Mo nicht lustig.
Nach einer Weile halten sie an.
»So, angekommen!«, verkündet Om.
Vor ihnen grasen Kühe auf einer Weide, rechts davon führt ein kleiner Trampelpfad an Hecken und Feldern vorbei bis zum Horizont. Ein kleiner Fluss schlängelt sich durch die Landschaft, und am blauen Himmel formen sich einzelne Wolken zu immer neuen Figuren und Bildern. Eigentlich ist es schön hier, aber leider sieht nichts nach irgendeiner Art von Abenteuer aus.
Es sieht aus wie der ideale Ort zum Gassigehen.
Mo mag gar nicht absteigen.

Om streckt sich und lässt den Blick schweifen. Dann schwingt sie sich vom Rad, hebt Mitzi aus dem Korb, nimmt ihn an die Leine und tätschelt ihm den Kopf.
»So«, sagt sie, »mal sehen, ob du eine gute Spürnase hast. Ich hoffe, dass ich mit deiner Hilfe endlich fündig werde.«

Mo sitzt immer noch auf seinem Platz und schmollt. Er hat recht gehabt mit seinen Befürchtungen. Auch Om kümmert sich nur um den Hund. Gleichzeitig überlegt er, was Om mit Mitzis Hilfe wohl finden will. Was hat sie gesagt? Irgendetwas scheint sie zu suchen. Vielleicht wartet doch noch ein Abenteuer auf sie?

»Kommst du, Mo?«

Oms Stimme reißt ihn aus seinen Gedanken. Mitzi zieht sie bereits an der Leine hinter sich her den Trampelpfad entlang. Mo muss aufpassen, dass er die beiden nicht aus den Augen verliert. Mit missmutiger Miene nimmt er seinen Helm ab, klettert vom Rad, schiebt die Hände in die Hosentaschen und folgt ihnen.

Als Mitzi sich an einem Gebüsch für eine Weile festschnüffelt, holt er sie ein.

»Ich glaube, er hat was gefunden«, sagt Om.

»Hm«, macht Mo und versenkt die Hände noch tiefer in den Taschen. Aber Om hat natürlich nur Augen für den Hund.

»Das kann alles Mögliche sein«, redet sie weiter. »Vielleicht ist es ein alter Knochen oder die Fährte eines anderen Hundes oder eines Wildkaninchens. Oder ein Fuchsbau, die gibt es hier auch.«

»Hm«, macht Mo und schiebt die Unterlippe noch weiter nach vorne. Aber Om scheint kein bisschen auf seine schlechte Stimmung zu achten.

»Oder ein alter Schuh, den jemand verloren hat. Oder Müll, den jemand achtlos weggeworfen hat«, zählt sie weitere Möglichkeiten auf.

»Hm«, macht Mo und lässt die Schultern noch weiter hängen.

»Oder er hat tatsächlich eine Spur von *ihnen* gefunden«, überlegt sie und kratzt sich hinter dem Ohr. »Das wäre fast ein Wunder.«

»Von wem?«, fragt Mo. Obwohl er doch den ganzen restlichen Tag nichts anderes als »Hm« machen wollte.

»Von den rätselhaften Wiedumirsoichdir-Apachen«, antwortet Om.

»Was für Apachen?«

Mo hat schon von den Apachen gehört. Auch von anderen Stämmen der Ureinwohner Amerikas, wie den Komantschen, Irokesen und Sioux … aber diesen Namen kennt er nicht.

»Die rätselhaften Wiedumirsoichdir sind die einzigen Apachen, die hier ihre Heimat haben«, erklärt Om, ohne Mitzi dabei aus den Augen zu lassen. »Sie leben überall verstreut in Europa, allerdings im Verborgenen. Kaum ein Weißer hat sie je zu Gesicht bekommen.«

»Verstecken sie sich?«, fragt Mo, der nun auch gespannt ist, was Mitzi da im Gebüsch findet.

»Ja, und sie sind Meister im Verstecken.« Om nickt anerkennend und fängt an zu erzählen. »Als der weiße Mann nach

Amerika gekommen ist und den Apachen wie den ganzen anderen Stämmen ihr Land weggenommen hat, haben sie sich natürlich gewehrt. Aber es war hoffnungslos, sie hatten keine Chance. Viele sind gestorben. Im Kampf, an eingeschleppten Krankheiten … Die Übriggebliebenen wurden in Reservate gesteckt, in winzige abgegrenzte Gebiete, in denen sie nicht so leben konnten, wie sie wollten – und dort leben sie immer noch, mehr schlecht als recht. Aber ein paar von ihnen wollten sich damit nicht abfinden. Sie haben sich gedacht: Wenn ihr zu uns kommt und uns unser Land wegnehmt, dann gehen wir eben zu euch. Sie sind also übers Meer nach Europa gekommen und wollten hier ihre Zelte aufschlagen, aber leider waren sie nicht willkommen. Und wilde weite Wälder zum

Jagen oder eine Prärie mit Büffeln gab es hier auch nicht. Doch statt aufzugeben, haben sie sich der Natur in Europa angepasst und sich versteckt. So gut, dass inzwischen fast niemand mehr weiß, dass es sie überhaupt gibt. Bisher habe ich auch nie eine Spur von ihnen entdecken können. Apachen sind ja Meister im Spurenverwischen und die Wiedumirsoichdir-Apachen sind die Meister der Meister. Man muss schon sehr, sehr genau hingucken, um auch nur einen Fußabdruck von ihnen zu finden.«

In dem Moment kommt Mitzi aus dem Gebüsch und schlägt zielstrebig eine Richtung ein.

»Oder eine gute Hunde-Spürnase haben«, ergänzt Om. »Komm! Ich glaube, Mitzi hat etwas gerochen.«

Mo vergisst vollkommen, dass er eigentlich schlechte Laune hat. Echte Apachen ! Und Om und er sind ihnen auf der Spur! Da ist es auch okay, wenn Mitzi dabei ist. Vor allem wenn er ihnen hilft, diese rätselhaften Wiedumirsoichdir-Apachen zu finden.

Mitzi zieht sie an der Leine weiter den Pfad entlang. An einer großen Buche, deren Äste sich über den Weg wölben, springt er hoch und bellt. Mo sieht, wie ein Eichhörnchen in den Zweigen verschwindet. Aber was ist das?

In den Stamm ist etwas eingeritzt.

»Guck mal, Om«, ruft er und zeigt auf die Stelle. »Hat das was zu bedeuten?«

Om fährt mit der Hand über die Einkerbungen und nickt anerkennend.

»Du hast ja Adleraugen«, sagt sie. »Die hätte ich fast übersehen. Das sind Geheimzeichen. Damit verständigen sie sich.«

»Und was steht da?«, will Mo wissen.

»Keine Ahnung«, gesteht Om. »Ich bin nicht eingeweiht. Aber soweit ich weiß, geben sie sich damit Hinweise, wo gute Jagdgründe sind. Oder wo sie sich das nächste Mal versammeln. Die Wiedumirsoichdir sind nämlich in der Regel Einzelgänger. Als große Gruppe wären sie viel zu auffällig. Nur ab und zu treffen sie sich, halten Stammesrat ab und feiern ein großes Fest.«

Mo ist enttäuscht. Er hätte gerne gewusst, was sich die Apachen mit den Zeichen mitteilen. Aber immerhin haben sie jetzt eine handfeste Spur. Eine, die nicht nur für Mitzi da ist.

»Die meisten sind alt«, sagt Om, während sie die Einkerbungen näher untersuchen. »Aber einige sind frisch. Höchstens ein, zwei Tage. Wir sind auf einer heißen Fährte.«

»Heißt das, die Apachen sind in der Nähe?«, fragt Mo und blickt sich unsicher um.

»Kann sein«, antwortet Om. »Aber keine Sorge. Wenn wir ihnen nichts tun, tun sie uns auch nichts. Die Wiedumirsoichdir sind sehr friedliebend. Sie graben nur im äußersten Notfall das Kriegsbeil aus.«

Das beruhigt Mo ein wenig. Trotzdem überlegt er, ob er Om nach einer Mutmach-Pille fragen soll. Aber dann denkt er, dass er das auch so hinkriegt … und ist fast so schnell wie Mitzi, als der die Spur weiterverfolgt. Natürlich erst, nachdem er einen schönen Hundestrahl am Baum hinterlassen hat.

An einer Weggabelung bleibt Mitzi stehen. Schwanzwedelnd sieht er Om an.

»Was will er?«, fragt Mo.

Om zuckt mit den Schultern, kniet sich
hin und untersucht den Boden.
»Hier treffen sich verschiedene Spuren«, stellt
sie schließlich fest. »Kein Wunder, dass Mitzi
nicht weiterweiß.«
Jetzt sieht Mo es auch. Er kann sogar Fußabdrücke
auf dem Pfad erkennen. Er hockt sich neben den
Hund und betrachtet die Erde um sich herum. Wie
viele es wohl waren?
»Es sieht aus, als hätten sich hier ein paar von ihnen
getroffen.« Nachdenklich streicht Om mit ihren Fingern über einen kleinen Sandfleck, befühlt hier einen Gras-
halm und dreht dort ein Laubblatt um. »Ich schätze drei. Und
dann sind sie gemeinsam weitergegangen.«
»Wohin?«, will Mo wissen.
»Das werden wir herausfinden«.
Entschlossen richtet Om sich auf und zeigt auf den schmale-
ren der beiden Wege.
»Da lang«, sagt sie. »Wie gut, dass ich in meiner Zeit bei den
Pfadfindern das Spurenlesen gelernt habe.«

Als sie an einer Hecke mit Brombeeren vorbeikommen, zeigt Om auf ein paar Ranken, an denen früher Früchte hingen. Jetzt sind sie leer.

»Siehst du«, sagt sie, »hier waren sie. Die Wiedumirsoichdir lieben wilde Beeren. Es ist fast ein Wunder, dass sie uns welche übrig gelassen haben. Kleine Stärkung gefällig?«

Ohne eine Antwort abzuwarten, beginnt sie mit einem Picknick.

Mo würde zwar lieber gleich der Spur folgen, aber Hunger hat er auch. Und die Beeren schmecken wirklich lecker. Apachen wissen eben, was gut ist.

Nur Mitzi mag die Beeren nicht und kaut lieber auf seiner Leine herum.

Nachdem Om und Mo sich die Bäuche vollgeschlagen haben, sind ihre Finger dunkel vom Beerensaft.

»Jetzt wäre eine kleine Waschgelegenheit prima«, sagt Om und schaut sich um.

Als hätte er sie verstanden, zieht Mitzi an der Leine und führt sie weiter den Pfad entlang, der kurz darauf an den kleinen Fluss stößt, den sie am Anfang ihrer Wanderung von weitem gesehen haben. An einer geeigneten Stelle, wo das Ufer flach ist, kniet Om sich hin und taucht die Hände ins Wasser.

Mo macht es ihr nach. Das Wasser ist klar und herrlich kühl. Er sieht Algen, die sich in der Strömung bewegen, und lauscht dem Wind, der durch das Schilf an der gegenüberliegenden Seite streicht. Als ein paar Enten vorbeischwimmen, bellt Mitzi sie sofort an. Aber ins Wasser traut er sich nicht – anscheinend steckt doch ein bisschen von einer Katze in ihm.

»Ein guter Rastplatz«, sagt Om. »Hier haben die Wiedu-mirsoichdir bestimmt auch haltgemacht. Kannst du irgendeine Spur von ihnen entdecken?«

Mo sieht sich um. Neben ihnen das Gebüsch wäre ein guter Ort für einen Hinterhalt. Aber nicht ein umgeknickter Zweig deutet darauf hin, dass sich jemand darin versteckt haben könnte. Auch bei der Weide, die ihre Äste in den Fluss hängen lässt, findet er nichts. Aber ein paar Meter weiter im Gras liegt etwas Graues. Das muss er sich genauer angucken.

»Ich habe was!«, ruft er aufgeregt und hält zwei Federn hoch.

Om kommt mit Mitzi zu ihm und betrachtet seinen Fund.

»Glückwunsch«, sagt sie bewundernd, »das ist ein echter Kopfschmuck.«

Mo betrachtet die Federn genauer. Wirklich außergewöhnlich sehen sie für ihn jedoch nicht aus.

»Sind die nicht von Enten?«, fragt er zweifelnd.

»Du hast recht.« Om nickt. »Aber trotzdem ist es ein echter Kopfschmuck. In ihrer alten Heimat stecken sich die Apachen gerne Adlerfedern ins Haar, aber die Wiedumirsoichdir nehmen stattdessen Schwanen-, Enten- und Krähenfedern, sogar Spatzenfedern. Adler sind hier einfach zu selten. Und wenn es nicht anders geht, sind die Wiedumirsoichdir nicht wählerisch.«

»Dann sind wir auf der richtigen Fährte?«, fragt Mo.

Om nickt.

»Hundertprozentig«, sagt sie. »Und lange können die Federn hier noch nicht liegen, sonst wären sie längst weggeweht. Also …«

Om macht eine Pause und sieht Mo prüfend an.

»Also was?«, fragt Mo.

»Du hast sie gefunden«, stellt Om fest, »also führst *du* ab jetzt unseren Spürhund.«

Damit drückt sie Mo die
Hundeleine in die Hand.
Mo ist zuerst etwas unsicher. Bis-
her haben immer seine Eltern Mitzi
an der Leine geführt. Aber wenn
Om ihm das zutraut, wird er
es wohl können. Ent-
schlossen packt er die
Leine und hält Mitzi die
Federn unter die Nase.
Der Hund schnuppert
daran.

Dann guckt er Mo fragend an.

»Such«, sagt Mo und hält ihm die Federn noch einmal vor die
Schnauze. Das hat er in einem Film mit einem Detektivhund
gesehen.

Mitzi schnuppert erneut an den Federn.

Wieder guckt er Mo fragend an, aber diesmal bellt er dabei.

»Ich glaube, er will uns was sagen«, vermutet Om. »Schade,
dass Hubert nicht dabei ist. Der könnte für uns übersetzen.
So müssen wir selbst herausfinden, was Mitzi will.«

»Such«, sagt Mo noch einmal.

Und gerade als er denkt, dass er vielleicht doch kein guter
Hundeführer ist oder Mitzi kein guter Fährtenhund, prescht
Mitzi los.

So schnell, dass Mo fast die Leine verliert.

In einem Affenzahn folgen sie dem Pfad, immer dem Ufer entlang. Vorbei an sumpfigen Wiesen und einem kleinen Birkenwäldchen. Vorbei an einem Kranich, der seine Fischjagd unterbricht und ihnen verdutzt nachschaut. Vorbei an großen Steinen, die aus dem Wasser ragen – und auf denen man herrlich herumklettern könnte, wenn man nicht gerade eine heiße Spur verfolgen würde.

Als sie um eine Kurve biegen, bleibt Mitzi wie angewurzelt stehen und bellt.

Vor ihnen liegt ein eine Art Rastplatz: Ein paar grob gezimmerte Holztische mit Bänken, eine große Feuerstelle mit einem Gitterrost zum Grillen darüber und ein Mülleimer. Überall ist das Gras niedergetreten … und ein paar Meter weiter sitzt ein Mann am Ufer, kehrt ihnen den Rücken zu und angelt.

»Ruhig, Mitzi«, sagt Om, »ganz ruhig.«

Mitzi hört augenblicklich auf zu bellen. Aber der Mann achtet gar nicht auf sie. Weder auf das Bellen noch darauf, dass es aufhört. Er sitzt einfach da. Fast wie eine Statue. Als wäre er aus Stein.

Om senkt ihre Stimme.

»Volltreffer!«, flüstert sie Mo zu. »Mir scheint, wir haben ihren Treffpunkt gefunden.«

»Aber da ist nur ein Mann«, gibt Mo zu bedenken, »und der sieht gar nicht aus wie ein Apache.«

Natürlich spricht er dabei genauso leise.

»Wahrscheinlich haben sie uns kommen hören«, flüstert Om zurück. »Die anderen haben sich alle versteckt. Nur einer ist als Wache zurückgeblieben und hat sich als Angler getarnt. Die Wiedumirsoichdir sind ja Meister der Tarnung.«

Mo ist noch nicht überzeugt.

»Woher weißt du, dass er zu ihnen gehört?«, fragt er.

Om muss nicht lange überlegen.

»Seine Schweigsamkeit verrät ihn«, flüstert sie. »Jeder andere hätte sich längst zu uns umgedreht und ein Gespräch angefangen. Über das Wetter geredet oder mit seinem Fang angegeben. Aber Apachen machen das nicht. Zumindest die, die ich kenne. Wozu auch? Das Wetter ist, wie es ist. Und was man kann, das kann man. Das spricht für sich, damit muss man nicht prahlen.«

Das leuchtet Mo ein. Und der Mann sieht wirklich aus, als wäre er eins mit der Natur um ihn herum.

»Und was machen wir jetzt?«, fragt Mo.

Etwas mulmig ist ihm schon, seit sie dem Wiedumirsoichdir direkt gegenüberstehen. Er hat schließlich auch Geschichten von Apachen gehört, die nicht ganz so friedlich verliefen. Mit Kämpfen und Gefangennahme und gefesselt an einem Pfahl stehen und …

… und wenn der Wiedumirsoichdir bemerkt haben sollte, dass sie ihn durchschaut haben …

»Du musst keine Angst haben«, antwortet Om. »Bleib du mit Mitzi hier. Ich werde sehen, ob ich Kontakt mit ihm aufnehmen kann. Einverstanden?«

Mo nickt. Er ist froh, dass Om so mutig ist.

Om klopft ihm auf die Schultern, richtet sich auf und geht mit würdevollen Schritten bis ans Ufer. Mit etwas Abstand stellt sie sich neben den Mann, den Blick aufs Wasser gerichtet. Ganz ruhig, ohne ein einziges Wort.

Mo wagt kaum zu atmen. Gebannt verfolgt er das Geschehen. Aber …

… es geschieht nichts.

Minutenlang steht Om einfach nur da, genauso ruhig und schweigsam wie der Angler. Wenn nicht ab und zu der Wind ein paar Zweige bewegen würde, könnte man meinen, die Zeit wäre stehengeblieben. Selbst Mitzi sitzt ganz ruhig neben ihm und hechelt nur ein wenig.

Mo kommt es wie eine Ewigkeit vor, bis Om sich aus ihrer Haltung löst und genauso langsam und würdevoll zu ihm zurückschreitet, wie sie ans Ufer gegangen ist.

»Komm«, sagt sie zu ihm. »Es ist alles gut.«

Mo versteht zwar nicht, was gerade passiert – aber Oms Haltung ist so klar und entschieden, dass er ihr automatisch folgt. Auch Mitzi braucht keine extra Einladung. Schweigsam gehen sie den Weg zurück, vorbei an den Steinen …

… an dem Birkenwäldchen …

… an den sumpfigen Wiesen …

Als sie an die Stelle kommen, wo Mo die Federn gefunden hat, bleibt Om stehen.

»Es ist alles gut«, wiederholt sie. »Ich habe ihm versprochen, dass wir sie nicht verraten. Dass wir Freunde sind.«

»Aber du hast doch gar nicht mit ihm geredet«, wendet Mo ein.

»Nicht mit der Zunge.« Om tippt sich an die Stirn. »Aber hiermit. Mit meinen Gedanken.«

»Geht das?«, fragt Mo.

»Ja und nein. In der Regel nicht«, erklärt Om. »Das können nur sehr wenige Menschen. Die Wiedumirsoichdir zum Beispiel – oder andere, die ganz in sich ruhen. Ich habe es seinerzeit bei einem Mönch in Tibet gelernt.«

»Und was hat er gesagt?«, hakt Mo nach.

»Der Wiedumirsoichdir?« Om legt eine Hand auf Mos Schulter und sieht ihn dabei fast so würdevoll an wie ein alter Apachenhäuptling. »Er wünscht uns Frieden und eine gute Jagd.«

»Jagen wir denn noch?«, fragt Mo irritiert.

Er ist nämlich schon etwas erschöpft – und eigentlich reicht es ihm mit Abenteuern für heute. Außerdem muss man beim Jagen Tiere töten, und das will er nicht. Auf keinen Fall!

Als könnte Om wirklich seine Gedanken lesen, antwortet sie: »Man kann auch Brombeeren jagen. Und unser Freund hat mir eine gute Stelle verraten.«

Und dann führt sie ihn an eine Stelle, wo sie sich so richtig die Bäuche vollschlagen.


Wieder zu Hause hebt Om Mitzi aus dem Fahrradkorb und gibt Mo die Leine in die Hand.

»Bis nächste Woche«, verabschiedet sie sich. »Ich bin gespannt, was du bis dahin mit Mitzi alles erlebt hast.«

Bestimmt eine ganze Menge, denkt Mo. Seine Eltern werden staunen, wenn er ihnen zeigt, was ihr neues Familienmitglied alles kann. Die beiden vermissen nämlich ständig etwas. Pa-

pas Socken, Mamas Handy, den Einkaufszettel, die Hausschuhe, den Hausschlüssel, den Autoschlüssel …
Und Mitzi als Spürhund und er als Hundeführer, sie sind ja jetzt ein richtiges Team.

# Der Kampf mit dem Gro

»Morten, bist du fertig?«, ruft Papa.

»Jaaa! Klaaar!«, ruft Mo zurück. »Und ich heiße Mo!«

Mo sitzt auf dem Klo und guckt die Wand an. Natürlich ist er fertig. Er hat ja gar nicht mit etwas angefangen! Aber weil Papa meinte, er solle unbedingt vorher noch mal auf die Toilette, und Mama der festen Überzeugung war, dass Om jeden Augenblick vor der Tür stehen kann, sitzt er jetzt fertig angezogen auf dem Klodeckel und wartet.

Wieder ein richtiger Kompromist.

Dummerweise hat er nach dem letzten Abenteuer auch von Oms Fahrrad-Extraspezialantrieb erzählt, weswegen Mama sich gleich Sorgen gemacht hat. Was da alles passieren kann! Wenn sie einen Unfall haben!! Bei der Geschwindigkeit!!! … und deswegen muss er jetzt nicht nur einen Helm, sondern auch Ellenbogen- und Knieschützer und besonders feste Schuhe tragen. Allerdings nur auf einer Seite, weil Papa darauf bestanden hat, dass er sich auch gut bewegen können muss.

Noch so ein Kompromist.

Als es klingelt, überlegt er kurz, ob er spülen muss. Dazu haben seine Eltern nichts gesagt. Er entscheidet, dass es nicht notwendig ist. Langsam findet er sowieso, dass eigene Entscheidungen die besten sind. Er hat sich auch schon Gedanken gemacht, wo er heute mit Om hinfahren will. Allerdings ist er da bisher zu keinem Ergebnis gekommen. Manchmal ist es gar nicht so leicht mit den eigenen Entscheidungen. Vielleicht lässt er sich lieber überraschen. Überraschungen sind sowieso das Beste.

Und Überraschungen von seiner Leihoma sind das Allerbeste.

An der Tür steht Om in ihrem Overall und plaudert mit Mama und Papa. Dabei streichelt sie Mitzi, der an ihr hochspringt – aber heute hierbleibt, weil Papa schon mit ihm spazieren war.

»Hallo, Mo«, begrüßt sie ihn. »Alles startklar?«

Morten nickt … und verabschiedet sich schnell von seinen Eltern, bevor die ihm zusätzlich eine halbe Ritterrüstung verpassen. Und natürlich von Mitzi, denn sie sind mittlerweile wirklich ein gutes Team – auch wenn er sich an die feuchte Hundezunge in seinem Gesicht noch gewöhnen muss.

Kaum sitzen sie auf dem Fahrrad, fragt er: »Machen wir heute wieder, was wir wollen?«

Obwohl er insgeheim hofft, dass Om einen Plan hat. Sonst muss er sich ja doch für etwas entscheiden.

»Nein«, sagt Om. »Heute haben wir eine Verabredung.«

»Eine Verabredung?«

Damit hat Mo nicht gerechnet. Das ist tatsächlich eine Überraschung.

»Ja«, sagt Om, »wir fahren zu einem Treffen mit anderen Leihomas und Leihopas. Und ihren Leihenkeln, sonst wäre das ja langweilig.«

Mo überlegt, ob er das nicht trotzdem langweilig findet. So aufregend wie ihre letzten Ausflüge klingt es jedenfalls nicht.

Als könnte Om seine Gedanken lesen, erklärt sie: »Ich weiß, das klingt nicht nach dem großen Abenteuer. Aber du wirst sehen: Wir werden einen lustigen Tag haben.«

Und als würde sie auch wissen, dass Mo seinen Eltern von ihrem Fahrrad-Extraspezialantrieb erzählt hat, startet sie vor deren Augen mit vollem Tempo – so dass Mos Mama vor Schreck vergisst zu winken und bestimmt eine Portion Extra-spezialangst kriegt.

Sie sausen an der Apotheke vorbei, wo er schon mal Medizin abgeholt hat, als Papa krank war …

… an dem Platz, wo im Sommer immer Flohmarkt ist …

… an der Imbissbude, wo es die leckersten Pommes der ganzen Stadt gibt, mit so viel Ketchup und Mayo, wie man mag …

Schließlich kommen sie an einen Park, in dessen Mitte ein riesengroßer Spielplatz ist. Um den Spielplatz stehen ein paar Fahrräder, aber noch viel mehr Menschen tummeln sich auf dem Gelände. Ein paar Eltern mit ihren Kindern sind da, aber das meiste scheinen Leihomas und Leihopas mit ihren Leih-enkeln zu sein. Oder echte Omas und Opas mit ihren ech-ten Enkeln. Mo hat keine Ahnung, woran man das erkennen kann, denn niemand sieht so aus wie Om in ihrem Overall. Er muss an ihr vorletztes Abenteuer denken.

»Sind die alle in geheimer Mission?«, fragt er und deutet auf die älteren Leute.

»Nein«, antwortet Om und steigt von ihrem Rad, »die sehen immer so aus.«

Sie nimmt eine Tasche aus dem Fahrradkorb, marschiert auf den Spielplatz und macht mit Mo eine kleine Runde. Einige der anderen Omas und Opas begrüßt sie mit Handschlag und stellt ihnen Mo vor, anderen winkt sie im Vorbeigehen oder nickt ihnen zu.

»Kennst du die alle?«, fragt Mo.

»Die meisten«, antwortet Om. »Auch wenn du mein Lieblingsleihenkel bist, bist du nicht der erste. Aber die anderen sind inzwischen so groß, die brauchen mich nicht mehr.«

Mo ist ein wenig enttäuscht. Er hatte gedacht, er wäre der Erste für Om gewesen – so wie sie für ihn. Außerdem sieht es so aus, als würden sie heute wirklich nichts Besonderes erleben. Unsicher guckt er sich nach den anderen Kindern um, die am Klettergerüst klettern, mit der Wippe wippen oder auf der Schaukel schaukeln. Soll er mit denen spielen? Er kennt doch niemanden hier! Und was, weiß er auch nicht. Aber anscheinend will Om sich lieber mit den anderen Omas und Opas unterhalten. Mo bekommt einen richtigen Klumpen im Bauch. Da hätte er ja genauso gut zu Hause auf dem Klo bleiben können.

Plötzlich kommt mit einem Höllenlärm ein wahres Ungetüm von einem Fahrrad angebraust und hält mitten auf dem Spielplatz. Es ist ein ähnliches Tandem wie das von Om, nur dass es voll mit Aufklebern und Abzeichen ist und bunte Wimpel und Fähnchen daran herumflattern. Vorne im Fahrradkorb ist eine Musikanlage angebracht, aus der es ohrenbetäubend dröhnt: »Eim onne haiwej tu hell.«

Aber noch viel lauter singen die beiden Gestalten auf dem Rad: »Eim onne haiwej tu hell.«

Wobei »singen« vielleicht das falsche Wort ist, es ist eher eine Art urzeitliches Gebrüll. Das scheint die meisten allerdings nicht zu stören. Am allerwenigsten die beiden Gestalten.

Im Rhythmus der Musik steigen sie vom Rad, nehmen ihre Helme ab und stellen sich breitbeinig nebeneinander auf. Genau gleich, als hätten sie es geübt. Und dann, als aus der Anlage nur noch wilde E-Gitarrenklänge ertönen, werfen sie ihre Köpfe vor und zurück und tun so, als würden sie Gitarre spielen – obwohl nur Luft zwischen ihren Fingern ist.

Jetzt kann Mo auch erkennen, dass die beiden zumindest vom Alter gut an diesen Ort passen. Der eine ist ein Opa … und auf keinen Fall ein Geheimagent: Er steckt in auffälligen Lederklamotten und sein langes weißes Haar fliegt so heftig hin und her, als würde ein Wirbelsturm tanzen.

Das Kind neben ihm sieht dagegen aus, als hätte es mitten in einem Friseurtermin die Flucht ergriffen – aber den Kopf schüttelt es genauso wild.

Als das Lied zu Ende ist, stellt der Opa die Musik aus.

»Na, ihr Langweiler!«, ruft er in die Runde. »Macht ihr wieder Kaffeekränzchen? Wie wär's mit 'ner wilden Party? Oder einem kleinen Wettkampf? Einer echten Herausforderung? Aber wer kann es schon mit dem Gro und Org aufnehmen!«

Die anderen Omas und Opas lächeln ihn an. Eine holt sogar eine Thermoskanne aus ihrem Korb, schenkt sich ein und prostet ihm zu … aber niemand sagt etwas. Nur Om stößt Mo an.

»Wollen wir?«

Mo schaut sie mit großen Augen an. Er hat keine Ahnung, was sie meint. Oder doch – aber seine Ahnung gefällt ihm überhaupt nicht. Sie gefällt ihm so wenig, dass er einen dicken Kloss im Hals hat und keinen Ton hervorbringt.

Und obwohl Om sonst so oft seine Gedanken lesen kann, zwinkert sie ihm jetzt nur zu und sagt: »Ich glaube, nun beginnt der lustige Teil des Tages.«

Dann wendet sie sich den Neuankömmlingen zu.

»Wir«, ruft sie, »wir nehmen es mit euch auf!«

Mo möchte sich am liebsten in Luft auflösen. Nun ist es wirklich das erste Mal, dass er mit Om unterwegs ist und viel, viel lieber zu Hause wäre.


Sie einigen sich auf einen Wettkampf aus verschiedenen Spielen, die sich die anderen Kinder mit ihren Leihomas und -opas ausdenken dürfen. Das Verliererteam muss für das nächste Treffen Apfelkuchen backen. Für alle! Das sind bestimmt fünf Bleche, überlegt Mo. Wenn nicht mehr.

Om scheint den Gro schon zu kennen. Er nennt sich so, weil ihm Großvater zu lang ist und er Spitznamen sowieso besser findet als die echten.

»Und Org heißt eigentlich Ingeborg«, erklärt ihnen der Gro. »Aber sie mag ihren Namen nicht, und deswegen nennt sie sich das Org. Also wie die letzten drei Buchstaben von ihrem Namen. Oder wie meiner, nur umgekehrt.«

»*Das* Org?«, fragt Om.

»Genau, *das* Org«, sagt der Gro. »Sie weiß nicht, ob sie lieber ein Mädchen oder ein Junge sein will oder beides oder keins von beiden oder irgendetwas dazwischen. Deswegen haben wir uns für *das* Org entschieden. Erst mal so als Zwischenstand. Vielleicht heißt sie …«

»*Es!*«, ruft Org, die gerade die Rutsche heruntergeschossen kommt und direkt zwischen ihnen landet.

»'tschuldigung«, sagt der Gro. »Vielleicht heißt es nächste Woche auch schon wieder anders.«

»Und du?«, fragt Org. Dabei stellt sie sich direkt vor Mo und schaut ihn herausfordernd an. »Wie heißt du?«

»Mo«, sagt Mo und wird rot wie eine Tomate.

»Aha«, sagt Org nur. Mehr will sie anscheinend nicht von ihm wissen.

Zum Glück kommen in dem Moment die anderen Kinder. Sie haben sich auf fünf Spiele geeinigt, bei denen mal Mo und Org, mal Om und der Gro und mal die Zweierteams gegeneinander antreten sollen. Als Erstes ist Hochschaukeln an der Reihe.

»Wer von euch beiden am höchsten schaukelt, hat gewonnen«, sagt eins der Kinder und zeigt auf Mo und Org.

Mo möchte stattdessen am liebsten im Erdboden versinken. Hoch schaukeln mag er gar nicht. Und dann muss er bei diesem blöden Wettkampf auch noch anfangen. Hilfesuchend sieht er zu Om. Er spürt, wie ihm die Tränen kommen, aber Om legt beruhigend einen Arm um seine Schulter – und gleich geht es ihm besser.

»Na, komm«, sagt sie.

Gemeinsam schlendern sie zur Schaukel, um die sich bereits ein Kreis von Zuschauern gebildet hat. Dort hockt sie sich vor ihn hin, so dass sie ihm direkt in die Augen sehen kann.

»Mach nur so weit, wie es gut für dich ist«, schärft sie Mo ein. »Erstens ist gewinnen nicht alles. Hauptsache, wir haben Spaß zusammen.«

Ha, ha, ha, denkt Mo. Nach Spaß fühlt es sich gerade überhaupt nicht an. Aber das sagt er nicht. Er will Om schließlich nicht enttäuschen.

»Und zweitens?«, fragt er stattdessen.

»Zweitens«, sagt sie und zwinkert ihm auf ihre typische Art zu, »zweitens habe ich in der nächsten Disziplin den Sieg so gut wie in der Tasche.«

Damit klopft sie ihm noch einmal aufmunternd auf die Schulter und richtet sich auf.

»Du wirst schon das Richtige machen«, sagt sie. »Das weiß ich.«

Mo nickt. Gut, wenn wenigstens Om das weiß.

Er weiß es nämlich nicht.

Mit einem doofen Gefühl im Bauch setzt Mo sich auf die Schaukel. Auf das Startzeichen holen seine Beine Schwung, dann fliegt er auch schon dem Himmel entgegen.

Höher und immer höher.

Aber das doofe Gefühl im Bauch schaukelt mit.

Immer wieder wirft er einen Blick zur Seite. Wie erwartet: So doll er auch Schwung holt, Org kommt immer einen Tick höher. Er schaukelt schon so hoch wie nie, mehr traut er sich wirklich nicht. Okay, vielleicht noch ein kleines Stückchen – schließlich hat er Knie- und Ellenbogenschützer an, zumindest auf einer Seite. Aber gleich ist Org wieder höher.

Auf einmal wird ihm klar, dass sie immer ein kleines Stückchen höher kommen wird, egal wie hoch er schaukelt. Weil Org *unbedingt* gewinnen will. Er will zwar auch gewinnen, aber nicht um jeden Preis. Und auf einmal weiß er auch, was das Richtige ist. Das, wovon Om gesprochen hat.

Seine Beine hören auf, Schwung zu holen. Langsam schaukelt er aus. Das doofe Gefühl im Bauch verschwindet und ein Lächeln erscheint auf seinem Gesicht. Obwohl er verloren hat, ist er stolz auf sich. Und seinen persönlichen Rekord hat er allemal gebrochen.

Als Nächstes geht es zur großen Drehscheibe. Auf der sollen Om und der Gro sitzen, während alle Kinder anschieben. Wem von den beiden zuerst schwindelig wird, der hat verloren.

Om und der Gro nehmen direkt gegenüber Platz, Auge in Auge.

»Fertig?«, fragt Om.

»Fertig!«, antwortet der Gro.

»Na dann, los!«, geben beide gleichzeitig das Kommando.

Langsam beginnt sich die Scheibe zu drehen.

Mo und Org stehen daneben und gucken zu, während die anderen Kinder schieben. Immer schneller dreht sich die Plattform, das Haar vom Gro weht schon wie eine Fahne hinter ihm her. »Yippieh!«, ruft er lachend, während Om sich konzentriert festhält.

»Der Gro gewinnt«, sagt Org zu Mo. »Dem wird nicht schwindelig. Das kennt er ja vom Tanzen.«

»Hm«, macht Mo.

Gerade sieht es danach aus … aber wenn er sich nicht täuscht, hat Om die ganze Zeit ein leichtes Grinsen im Gesicht. Das heißt, dass sie auf jeden Fall Spaß hat – und dass ist für sie ja die Hauptsache.

Je schneller sich die Scheibe dreht, desto wilder wird das Jauchzen und Lachen vom Gro. … und die Kinder kommen langsam ins Schwitzen. Die kleineren sind beim Anschieben schon ausgestiegen, doch jetzt geben die größeren noch mal richtig Gas. Und plötzlich verändert sich das Juchzen vom Gro. Es klingt nicht mehr fröhlich, sondern eher etwas angestrengt. Und dann verebbt es ganz und macht einem Zucken um den Mund Platz. Er bekommt Glubschaugen und verzieht das Gesicht, während Om immer noch so aussieht, als würde sie auf einer Parkbank vor sich hinträumen.

»Stopp!«, ruft der Gro. »Ich gebe auf!«

Die Kinder lassen das Spielgerät los. Nachdem es sich ausgetrudelt hat, krabbelt der Gro herunter und lässt sich in den Sand plumpsen.

»Boah, ist mir schlecht!«, stöhnt er.

Gut gelaunt schlendert Om zu Mo und hebt die Hand. Mo schlägt ein.

»Prima«, sagt er, »jetzt steht es eins zu eins.«

»Das hat mich an meine Zeit als Eiskunstläuferin erinnert«, erklärt sie lächelnd. »Pirouetten drehen konnte ich stundenlang.«

Als Nächstes sind Mo und Org wieder dran, weil sich der Gro von seinem Drehwurm erholen muss. Sie sollen balancieren. Genauer gesagt: auf der Stelle balancieren. Freihändig oben auf dem Klettergerüst – wer am wenigsten wackelt, hat gewonnen.

Diesmal hat Mo kein doofes Gefühl im Bauch. Im Gegenteil. Erstens weiß er jetzt, dass er schon das Richtige machen wird. Und zweitens kennt er das. Wenn er mit seinen Eltern auf dem Spielplatz ist, sagt nämlich Mama meistens, dass er sich ordentlich bewegen und rumklettern soll. Aber wenn Papa auch dabei ist, findet er das zu gefährlich. Manchmal ist es auch umgekehrt, jedenfalls einigen sie sich am Ende immer darauf, dass er aufs Klettergerüst darf, aber dort oben still stehen muss. Eigentlich ein richtiger Kompromist.

… aber für diese Aufgabe ein prima Training.

In aller Seelenruhe klettert er hinter Org nach oben und nimmt seinen Platz ein. Auf Kommando richten sich die beiden auf. Org wirft ihm einen herausfordernden Blick zu, aber Mo achtet gar nicht auf sie – und auch nicht auf die vielen Leute, die ihnen zuschauen. Er steht entspannt da, genießt die Aussicht und denkt an die letzten Ausflüge mit Om. An ihre Fahrt in den Zauberwald …

… an die Schatzsuche am Piratensee …

… an ihren Geheimauftrag …

… an die Suche nach den Wiedumirsoichdir-Apachen …

Erst als Om von unten ruft: »Mo, du kannst runterkommen. Es ist vorbei!«, bekommt er mit, dass Org neben ihm hin und her schwankt und so wild mit den Armen rudert, als wollte sie gleich davonfliegen.


»Gratuliere!«, sagt Om, als er neben ihr steht. »Du sahst aus wie ein Fels in der Brandung.«

»Gewinnen wir jetzt?«, fragt Mo.

Om wiegt nachdenklich den Kopf.

»Mal sehen«, sagt sie. »Unterschätze nie deinen Gegner. Und der Gro ist ein echter Fuchs.«

Gemeinsam gehen sie zur großen Sandkiste. Dort sollen Om und der Gro wieder gegeneinander antreten: im Sandburgenbauen, die schönste gewinnt. Zum Glück hat es gestern geregnet, so dass der Sand prima backt.

Jeder sucht sich eine Ecke, und dann legen sie auch schon los. Mo und Org können Tipps geben, aber bauen dürfen nur Om und der Gro. Doch die brauchen keine Ratschläge. Om hat schnell einen wunderschönen Turm gebaut, während der Gro nur ein paar Haufen grob zusammengeschoben hat. Mo denkt schon, dass sie damit Sieger wären – aber dann fängt der Gro an, seine unförmigen Haufen zu gestalten. Immer weiter, bis

ins kleinste Detail. Om baut zwar einen schönen Turm nach dem anderen und verbindet sie durch kleine Mauern, doch am Ende muss selbst Mo eingestehen, dass die Sandburg vom Gro ein kleines bisschen schöner ist.

Nach der Abstimmung gibt Om dem Gro anerkennend die Hand.

»Herzlichen Glückwunsch«, sagt sie, »an dir ist ein echter Baumeister verlorengegangen.«

»Nur so halb«, antwortet er und zwinkert ihr zu, »schließlich war ich mal Architekt.«


Die letzte Station ist die Wippe. Hier sollen sich die vier in ihren Teams messen – wer das andere Team oben »verhungern« lassen kann, hat gewonnen. Und da es zwei zu zwei steht, entscheidet der Ausgang dieses Wettkampfes über das gesamte Turnier.

Der Zuschauerkreis um sie herum ist jetzt viel größer als am Anfang. Alle wollen das Finale mitbekommen. Mo und Om haben auf der einen Seite der Wippe Platz genommen und der Gro und Org auf der anderen. Dann rufen alle zusammen um sie herum: »Auf die Plätze – fertig – los!«, und beide Teams versuchen sich so schwer wie möglich zu machen, um das andere oben in der Luft zu halten.

Am Anfang geht es ziemlich hin und her, die Wippe wippt auf und ab und ab und auf. Kaum ist die Seite mit dem Gro und Org oben, lehnen die sich weiter nach hinten, und Mo und Om steigen nach oben …

… und umgekehrt genauso.

Nach und nach schieben sich die Teams nach außen, bis nur noch die beiden Alten mit ihren Pobacken die Wippe berühren, während Mo und Org sich an deren Schultern festhalten, mit den Füßen abstützen und sich so weit nach außen lehnen, wie es nur irgendwie geht.

Und dann, als Mo weiß, dass er sich keinen Millimeter weiter hinauslehnen kann und sich auch kein Gramm schwerer machen kann – wenn man das denn überhaupt kann –, genau in dem Moment neigt sich ganz, ganz langsam die Seite mit Gro und Org nach oben …

… und bleibt dort hängen.

Mo will schon jubeln, da fällt Om noch etwas ein.

»Halt, stopp!«, sagt sie. »Wir sind ja einer mehr! Und mit Schummeln wollen wir natürlich nicht gewinnen.«

Ohne ihre Körperhaltung zu verändern, greift sie in eine ihrer Overalltaschen und holt Hubert hervor, der etwas schläfrig in die Gegend blinzelt.

»Sonst können wir gleich einen Bernhardiner mit auf die Schaukel nehmen«, erklärt sie, »oder ein Pferd.«

Behutsam setzt sie die Ratte auf dem Boden ab. Hubert trippelt ein paar Schritte zur Seite, sucht sich einen guten Platz in der ersten Reihe und reibt sich die Nase. Und guckt interessiert zu, wie sich Om und Mo mit der Wippe vom Boden lösen …

… wie in Zeitlupe nach oben schweben …

… und genau in der Mitte hängen bleiben.

Direkt gegenüber vom Gro und Org.

Um sie herum halten die Zuschauer den Atem an, aber nichts passiert. Es ist, als wäre die Zeit eingefroren. Dann löst sich die Spannung und die Menge beginnt zu klatschen.

Unentschieden!

Nach dem Wettkampf geben sich die Gegner die Hand und beglückwünschen sich zu dem Ergebnis. Als er Org die Hand hinhält, ist Mo sich nicht sicher, ob sie überhaupt annimmt. Weil sie vielleicht enttäuscht oder beleidigt ist, da sie nicht gewonnen hat.

Aber Org grinst ihn an und sagt: »Starke Leistung. Damit habe ich nicht gerechnet.«

Und dann boxt sie ihn sogar freundschaftlich gegen den Arm – zum Glück an die Stelle, wo er seinen Ellenbogen-schützer hat.

Danach packen alle Omas und Opas ihre Taschen aus und zaubern wie aus dem Nichts eine große Kakao-, Kaffee- und Kuchentafel für alle. Der Gro scheint nach dem Turnier or-dentlich Hunger zu haben, jedenfalls verdrückt er sechs Stück Kuchen … und spart dabei nicht an Lob für das leckere Essen. Er plaudert und scherzt mit den anderen Omas und Opas, als würde er sich in nichts von ihnen unterscheiden – und als hätte er sie bei seiner Ankunft nicht als »Langeweiler« be-zeichnet. Mo guckt ihm dabei etwas verwundert zu.

»Ich bin nicht zum ersten Mal hier«, erklärt ihm der Gro schmatzend. »Aber was sich neckt, das liebt sich. Auch wenn wir hier in vielem nicht derselben Meinung sind – wir mögen uns. Und so viel Spaß wie heute hatte ich lange nicht!«

»Wör backt dönn nun dön Vörlierör-Kuchen?«, fragt Org, die sich mit vollem Mund neben sie stellt.

»Niemand«, antwortet Om. »Aber wenn ihr wollt, backen wir für das nächste Treffen zusammen einen Gewinnerkuchen. Meine Küche steht bereit.«

Damit hebt sie die Hand … und alle schlagen ein.

Zu Hause haben Mama und Papa noch eine Überraschung. Sie haben Kuchen gebacken und laden auch Om dazu ein. Und zwar einen Apfel-Pflaumen-Kuchen. Genauer gesagt: Apfel-Pflaumen-Streusel-Käse-Kuchen. Oder noch genauer gesagt: Apfel-Pflaumen-Streusel-Käse-Kuchen mit Mandelplättchen und Schokostreusel. Dazu gibt es Schlagsahne und Vanilleeis.

Natürlich konnten sie sich nicht auf einen Kuchen einigen. Aber Mo ist so pappsatt, dass er nur einen winzigen Bissen essen kann. Obwohl Apfel-Pflaumen-Streusel-Käse-Kuchen mit Mandelplättchen und Schokostreusel darauf definitiv sein Lieblingskuchen ist. Vor allem, wenn es dazu Schlagsahne und Vanilleeis gibt. Denn das ist ausnahmsweise kein Kompromist, sondern eine richtig leckere Erfindung.